写给

青春期女生的

贴心私房书

致
可爱的
你

——学会自己长大

温小平
著

青岛出版社

真正有才华的人是懂得谦卑的人，

这样的人身上发出的光芒才会闪亮到永远。

Flower

小小的输，在生命的无数场比赛中算起来只是一粒沙子，微不足道。

我们就是在输赢之间累积了实力，寻找到快乐生活的秘诀。

喜欢，是很短暂的；爱情，则需要慢慢地培养。

年少时太冲动的喜欢其实只是一种暂时的迷恋罢了。

每经过一次危机，我们的应变能力也会得到提高，

就像每生一次病，我们就会更加清楚该怎么照顾自己一样。

只有生活中充满挑战，才能激励我们发挥潜能。

人生，其实就是在不断尝试中变得五彩缤纷的。

人云亦云，只会让我们迷失方向。

只有有自己的看法，我们才能走出自己的路。

zhi

ke ai de

ni

满地都是小石头

我曾看过一篇童话故事，印象很深刻，说的是为了测试一位落难的公主是不是真公主，有人在她厚厚的床垫下放了一颗豌豆，看她会不会感觉到。第二天公主醒来，大家问她睡得好不好，公主说："睡得不好，因为我一直觉得床垫下好像有个东西硌着我。"

我不是公主，也许不会那么敏感。但是如果眼睛里进了小沙子，那就像公主床垫下的豌豆，会让我难受得直流眼泪，直到把小沙子弄出来才会好受；如果鞋子里有一粒小石头，那大概连一分钟都不能继续走，非得立刻脱下鞋子，把那粒小石头找出来丢掉，才能重新上路。

还有，饥肠辘辘时，我拿起筷子，把饭扒进嘴里，正准备大快朵颐，只听“咔嚓”一声，米饭里有小石头！真是煞风景，只好把饭吐出来，从此便小心翼翼，担心又咬到小石头。

有一回，朋友骑摩托载着我，转弯时，因为路面有许多小石子，车轮打滑，我整个人摔了出去，衣服都破了。幸好当时后面没有车子，否则我大概已经变成天上的一颗星星，只能跟你们遥遥相望了。

很多年前，曾经发生过一起车祸：顽皮的小朋友将铁路当成玩过家家的地方，把小石头一粒粒搁在铁轨上，经过的火车因此出轨，死伤了许多人。

一粒小石头，可别小看它，有时真的会造成大灾难。

你想过吗？有时候，我们就是别人生活中的“小石头”：让朋友难过，让朋友伤心，让朋友天天生活在痛苦烦恼中……直到最后，他们拒绝做我们的朋友。

例如口不择言说错话，伤害了朋友的自尊。

例如乱发脾气，让朋友被冤枉、被骂。

例如失约，害朋友等了又等，浪费了时间。

例如说谎，让朋友信以为真，结果吃亏上了当。

例如设计陷害人，害朋友跳到太平洋也洗不清。

有时候，别人是我们生活中的“小石头”，让我们坐立不安。

例如色狼出现：电梯狼，让我们不敢搭电梯；校园狼，让我们不敢留在学校；厕所狼，让我们憋尿憋得受不了。

例如诈骗集团，害我们不知道报喜报忧的电话是不是真的。

例如校园里经常勒索我们的“大哥大”“大姐大”，吓得我们不敢去上学。

例如忙着上班、应酬的爸爸妈妈，总是没时间多陪陪我们。

这些“小石头”，都让我们不舒服、不平静。

所以，我们应立志：不做别人生活中的“小石头”，努力扫除出现在我们人生路上的“小石头”。

本书女主角陆弯弯的成长路上也有许多“小石头”，就让我们一起来看看她是怎样应对它们，又是如何学会自己长大的吧！

1 被石头绊了一跤——克服小毛病

2 天空的颜色好蔚蓝——直面困难

目录

3 有呼吸的感觉好幸福——尊重生命

4 今天一二三明天五六七——创意生活

1

被石头绊了一跤

克服小毛病

飞天怪石

弯弯是个喜欢生活有变化的女孩子，即使是上学这么简单的事，她也要想办法使之变得很有趣。比如，寻找新的路、新开的面包店、新装点的橱窗……所以，她总是边走边东张西望，渐渐养成了习惯。

这几天，她又发现了一条上学的新路，虽然到学校要多花几分钟，但是沿路可以欣赏一家新开的花店——“栩栩如生”。店老板帅帅的，很像言情剧中的男主角，隐身乡下，治疗爱情的创伤，看起来就有很多的故事。弯弯忍不住会想：他的女朋友是不是叫栩栩呢？

帅老板总是一大清早就起来，布置他的美丽花房，给每一盆花都插上一个小牌子，写上花的名字、花的故事。弯弯每经过一次，就多认识一种花。

当她跟好朋友小零分享她的发现时，小零也很兴奋，两人便约好一起上学，探望帅老板。

第二天，两人在小公园碰了面，聊着昨晚看的连续剧：“女主角那个长得很搞笑的弟弟，是不是很像武雄？”

武雄是她们班的一个男生，长得人高马大，常常欺负女生，女生都是敢怒不敢言。小零特别提醒弯弯：“你昨天不是跟武雄闹得很不愉快吗？放学时，我听到他跟别人说要给你好看。”

“我不怕，如果我们一直那么懦弱，他就会一直欺负我们。像他那种男生，就得让他知道我们的厉害。”

刚要拐到花店，小零突然“哎哟”一声，用手捂住后脑勺惨叫起来。原来，不知道是哪个无聊的人扔了一块石头，击中了小零。

鲜血从小零的指缝流出来。她抱着头大叫：“我的头破了，我要死掉了！”

帅老板听到她们的叫声，赶忙走出来问：“怎么回事？啊，小妹妹受伤了！”

弯弯一边抱住小零，一边要打电话，还要回答帅老板的话，有点儿手忙脚乱：“不知道是谁用石头打中了她。我要不要打

120？”

“叫救护车太慢了，我送你们去医院。”帅老板拉下店门，顾不得寻找凶手，连忙发动汽车，送小零去医院。在路上，他边开车边叮嘱弯弯：“你赶快打电话给她爸妈或是学校老师。”

到了急诊室，医生检查后说：“还好伤口不大，算是不幸中的万幸！你们看到是什么东西打中了她吗？”

弯弯连忙拿出那块她在小零身边捡起的石头，只见它尖锐的棱角上沾了血，触目惊心。不久，老师、同学，还有小零的爸妈都来了。医生帮小零缝了好几针，她非常勇敢，一直都没有哭。如果是弯弯，大概要哇哇大叫了。

弯弯觉得很内疚，因为是她约小零走这条路的，结果害得她头破血流。可是，小零一点儿也没有怪她的意思，还反过来安慰她别担心。

“如果不是被飞天怪石击中，我们也不会认识花店的帅老板啊！”

小零不说，弯弯几乎忘了送他们来医院的帅老板。不知道什么时候他悄悄离开了，也许他很害羞，不喜欢人多的地方。弯弯决定到他的店里买花送给小零。

Flower

帅老板竟然姓花，真有意思。弯弯刚说完她的来意，花大哥就像变魔术似的从身后拿出了一束黄玫瑰："我早就准备好了，相信小零一定会喜欢。"

弯弯有一肚子的问题，忍不住说："花大哥，为什么有这么多喜欢乱丢石头的人呢？报纸上曾经登过，有人躲在高速公路的立交桥上往下扔石头，打破了很多过往车子的玻璃。万一丢的是块大石头，出了车祸，那不是会把人害死吗？还好小零没事儿，否则我会内疚一辈子。"

"我想，那些人可能心怀不平，或是一肚子冤屈，想要发泄吧！当然，这样做是不对的。可是，很多时候我们本可以在危险发生以前提早预防的。你知道是谁丢的石头吗？"

弯弯诉说了她跟武雄的过节儿，又说："有人告诉我，那天早上看到武雄在附近走动。而且小零住院后，班上的同学都争着来看小零，只有武雄请假没来学校。"

"啊，原来是这样。不管是不是武雄，如果你找他兴师问罪，他一定不会承认，而且彼此的关系会因此变得更恶劣。我觉得，你可以反过来做一件他料想不到的事——跟他讲和。"

啊？明明是武雄不对，欺负女生，还要她去示好？

可是，花大哥说得也没错，若不是弯弯先开口骂人家“像你这么胖，好吃懒做，根本就是猪、寄生虫……你除了会欺负女生，还会干什么”，武雄也不会这么气愤。

谁愿意自己胖呢？谁喜欢被别人骂成寄生虫呢？她自己乱说话，不也像是在乱扔石头吗？原来是她先伤害了武雄。看来他们俩真的是半斤八两，谁也不用五十步笑百步了。

弯弯决定跟武雄道歉。至于要怎么道歉，她还要想一想。

学会自己长大

xue hui zi ji zhang da

记得小时候，我上的是信义小学，隔一条巷子就是仁爱小学。放学的时候，两个学校的学生经常躲在各自学校的围墙后面，扔石头打对方，难免有人受伤。于是，两个学校的同学好像仇人一样，还常在围墙上写一些骂对方的脏话。后来我们班有一个同学转到了仁爱小学，大家竟然就不再理他了。

现在想来，好可惜啊！我们错失了很多好朋友，也让仇恨在我们心里住了好久，甚至长出杂草来。

把话吃下去

弯弯是一个守信用的女孩，最讨厌别人说话不算话。可是，生活中却常常遇到不守信用的人。

例如主管教育的叔叔伯伯，说要给青少年朋友一个快乐学习的环境，弯弯却越学越痛苦，越学越迷糊；例如有些歌手，总说自己出完最后一张专辑就要退出，害弯弯拼命买专辑、听演唱会，结果过一阵子这些歌手又跑出来唱歌表演；例如爸爸妈妈，每次都说有空就带弯弯去旅行，结果却说钱给哥哥念书用掉了，钱投资股市亏了很多……

所以，每当弯弯要许下诺言时，她都会再三考虑。有时候她太冲动，答应同学以后才发现自己很难做到，却还是会排除万难、不计一切代价地去努力实践诺言。

弯弯曾经看过一则新闻报道，感动得不得了，几乎要立刻办转学。原来，那报道说，有一位校长为了鼓励学生多读课外读物，许下诺言，说只要学生达到阅读的目标，自己就跳《天鹅湖》给他们看。

哇！结果那位校长真的穿起短裙，露出有毛的大腿，跳起了《天鹅湖》。媒体争相报道，不是因为他的舞姿仿佛天鹅公主再现，而是因为他没有食言。弯弯的爸爸说，这种校长如今要列为稀有动物，好好保护了。

而弯弯她们学校的校长呢，说要请名人到学校演讲，都过了一年了，还是没有邀请。也许校长有难言之隐，也许名人的出场费太高……大人的事，弯弯管不了，也不想冲到校长室提出抗议——那样做未免太暴力了。

可是，如今自己的同班同学，弯弯当成好朋友的美华她们，却随随便便爽了她的约，气得她快要发疯了。

事情是这样的：

玲玲的爸爸妈妈离婚以后，玲玲的心情一直很郁闷，每次上课都只会望着窗外发呆；即使是聊她喜欢的周杰伦，她也没精打采的。弯弯绞尽脑汁想要让玲玲开心起来，却想不出好办法。

上作文课时，老师出了一个题目，要大家写《生日的惊喜》。弯弯注意到玲玲边写边掉眼泪，就很好奇，想要知道她写些什么。弯弯知道，如果直接问玲玲，她一定不会说。于是，弯弯便利用送作文簿去老师办公室的时机问老师：“我很想帮助玲玲，也许在她的作文簿里可以找到办法，不知道老师可不可以让我看看玲玲的作文？”

老师翻开玲玲的作文簿，点了点头：“我想，既然她愿意写出来，就表示她的确需要帮助。”

玲玲是这样写的：“每一年我的生日，爸爸都从来不会忘记，即使他去外地谈生意，也会想尽办法赶回家。妈妈也是，平常忙碌的她，当天一定会亲自下厨，做我喜欢吃的菜。三个人一起许愿，吹蜡烛，吃蛋糕……可是，今年我的希望要落空了——爸爸妈妈分开了，我不可能跟他们一起吹蜡烛了。如果要问我希望过生日那天有什么惊喜，那就是爸爸妈妈跟我一起过生日。”

回家路上，弯弯终于想出一个办法，她打算为玲玲设计一个惊喜的生日派对。

当然，这么大的事，弯弯靠自己一个人是完不成的。她悄悄找了美华、嘉玉、凯莉等人商量，她们都一口答应，说没问题。于是大家分头准备礼物，安排生日派对的节目。弯弯自告奋勇，负责出马邀请玲玲的爸爸妈妈出席。

星期天就是玲玲的生日，那时考试已经结束，邀请同学们参加，一定不会有人拒绝。可是，当弯弯兴高采烈地问美华准备得怎样了时，美华竟然说："弯弯，我那天刚好要参加小学同学聚会，不能去了。你看这样好不好？我把我要表演的节目录下来，你们放给玲玲看。"

"这怎么能表现你的诚意呢？"弯弯不以为然。

嘉玉在一边伸了伸舌头："糟糕，我这几天忙于准备考试，竟然忘记了这件事！"

"那你负责给她做的小熊维尼呢？"弯弯记得当初嘉玉答应亲手缝一个小熊玩偶送给玲玲。每次问她，她都说快做好了。

"我买了绒布，可是还没有时间做。算了，大家凑钱买一个给她好了。"嘉玉耸耸肩。

弯弯快要气爆炸了："你这样算什么好朋友？"

凯莉更夸张，她虽然没有忘记玲玲过生日这回事，却说："我觉得我们这样做，玲玲才不会领情，她只希望她的爸爸妈妈陪她过生日，我们又不是她的爸爸妈妈。况且，上次我过生日，她还说我买的蛋糕好难吃。说实话，我不太想帮她过生日。”

“你太过分了！玲玲才不是这样的人！”

这些同学纷纷临阵脱逃，弯弯气得一会儿满面通红，一会儿脸色发白。可是，她既不能骂脏话，又不能动手打人，只好装了一肚子气，边流泪边走回家。

她真的不懂，为什么其他同学可以这样把允诺不当回事，随便说说，自己却一定要当成一件正经事去做？这段时间，每天晚上做完作业，她都要打好久的电话。还好，皇天不负苦心人，她总算找到了玲玲的爸爸妈妈，而他们也都表示愿意陪玲玲过生日。

晚上，当弯弯跟妈妈诉苦时，妈妈安慰她说：“弯弯，不要生气了，付出爱心是不能勉强的。你的同学说得也对，玲玲最希望跟她的爸爸妈妈一起过生日，虽然其他同学不能帮她庆祝，但她的爸爸妈妈愿意给她一个惊喜，你还是达到了帮助同学的目的了啊！”

可是，弯弯还是很生这些同学的气。是她太过认真，还是现在的人都把诺言当纸巾，用完就丢呢？

学会自己长大

xue hui zi ji zhang da

如今，把话吃下去的怪兽越来越多。要消灭怪兽，可以这么做：

自己做不到的事，不要轻易许下诺言；

提醒对方，随便答应、随便反悔不是朋友应该做的事；

即使别人失信，你仍应坚持做个守信的人，不要让你的爱心被怪兽吞吃，自己也变成你所讨厌的不守信的人。

聒噪的鸟儿吵死人

弯弯出门时总喜欢低着头走路，好像生怕错过了别人遗弃的宝贝似的。

她这样走路，还真是收获颇丰，捡到过一个皮夹、十几张发票（其中一张中了十元的奖）、一张二十元的钞票、三串钥匙、一部手机，还有杂志、书、发夹……照这样下去，她很快就可以开一家便利店了。兼做失物招领的同时，她还可以酌收保管费，过时没人来领，她就可以卖掉。

哥哥笑弯弯异想天开，说什么做这样的生意，收入还不够付房租的！

但是，这并不影响弯弯继续低头寻宝。

这天，弯弯经过社区新开辟的花园，看到一盆遭人丢弃的盆栽，那可怜的绿枝已经干枯，土也干裂了，倒是花盆边用来做装饰的一块灰色的石头蛮特别的，引起了她的注意。

她伸手把那块石头捡了起来，轻轻抹去上面的土屑，边走边瞧。石头中央隐约是一只鸟的图形，嘴巴弯弯的，跟鹦鹉有点儿像。

弯弯曾经养过一只鹦鹉，它全身都是玉米一般的黄色。当它在笼子里跳来跳去时，嘴里从不肯停歇，叽叽喳喳的，仿佛在抱怨自己的孤单、寂寞。

弯弯于心不忍，又买了一只蓝色的鹦鹉来陪它。没想到它俩互相看不对眼，为一点儿小事就争吵不休。不管是吃饲料、进窝里睡觉、站在竿子上玩耍，还是到水盆边喝水，它们都会打成一团。弯弯有时会觉得惋惜——没有电视台来要求转播，它们的精彩表演少了观众。

吵到后来，连哥哥也来抗议了："你再不管管你的鹦鹉，小心我在它们嘴巴上贴胶带。"

"那会窒息的！你好残忍，怪不得交不到女朋友。"弯弯嘟着嘴，大声抗议。

"我交不到女朋友，关你什么事？你还是先管管你那聒噪的鹦鹉，免得邻居来咱家门上贴大字报警告吧。"

哥哥这么说是有原因的。以前哥哥喜欢听热门音乐，每次都开得很大声。妈妈制止他，他就说："听音乐就是要大声，才听得过瘾，听得爽啊！"结果，没过多久，真惹得邻居在楼下大门上贴了大字报，上面写着：

请把音乐关得小声些。你有听音乐的权利，我有享受安静夜晚的权利。若不改善，我就要报警了！

——快要精神分裂的邻居

听哥哥这么说，弯弯只好在鹦鹉的笼子上面盖了一块布。可是，也只安静了几天，鹦鹉就又开始嬉闹。弯弯也被吵得无法专心读书了，再这样下去，恐怕她会第一个疯掉。

弯弯考虑要不要跟鸟店老板商量，把鹦鹉送给他。一天，弯弯放学回家，发现屋子里静悄悄的，觉得奇怪，忙冲进房间，只见窗台上的鸟笼空荡荡的，鸟笼的门打开着。

是鹦鹉知道她要送它们去鸟店，所以为了争取自由提前离家出走了吗？还是哥哥趁她不注意偷偷地把鹦鹉放走了？它们从小在温室中长大，会习惯外面充满竞争的环境吗？弯弯这样想着，担心不已。

望着空荡荡的笼子，弯弯心中说不清是不舍，还是轻松。

晚上学习时，她突然发现自己的头痛竟然痊愈了。原来，鹦鹉的吵闹声已经让她的精神长期陷入紧张之中。

难怪那天参加小学同学聚会，大家讨论将来念什么专业时，她不断地发表意见会被同学骂："弯弯，你太吵了！""你这样一直说个不停，我们都没机会说了。""简直就像一只鹦鹉。"

当她回家跟妈妈抱怨同学有多讨厌时，哥哥就说她："有什么样的鸟，就有什么样的主人。"

妈妈也说："如果你一直说，就听不到别人的话，久而久之，就没有人愿意跟你说话了。"

想到这里，弯弯悚然一惊，握紧了手中这块有鹦鹉图案的石头，准备带回家，放在窗台上原来放鸟笼的位置，提醒自己不要做一个多话的人。

学会自己长大

xue hui zi ji zhang da

多嘴多舌，不但会吵到别人，还会显得自大。

和别人在一起时，如果你总是说话，不给别人留说话的机会，别人渐渐就不喜欢跟你相处了。你的朋友圈子会变得狭小，你的眼界也会变得狭小。

多听少说，别人就会喜欢你，你也会更喜欢自己。

大家都在看你!

弯弯努力了好几天，每天放学乖乖学习，帮忙做家务。她洗了几百个碗，总算换来妈妈答应让她去听热门演唱会。

弯弯约了小玉一起去，心里盘算着：我俩站在摇滚区，万一太挤，自己被踩扁以前，小玉的大嗓门就可以发挥作用。

黄昏六点的地铁上，挤得人难以喘气，令人似乎已经可以感受到演唱会的气氛。偏偏有几个穿着制服的男生在车上打来闹去，还用手机互打电话，测试谁的手机好谁的手机差，相互取笑，而且笑得非常非常大声。有两个留着火鸡头的家伙还故意东倒西歪地往别人身上靠。

与他们一起的一个女生发现整个车厢的人都在看他们，隐隐有些不安，就拉扯着其中一个露出内裤裤腰的男生，轻声说：“你们小声点儿，吵到别人了！好丢脸。”

“丢什么脸？地铁是我们大家的，我们说话又触犯第几条法律了？阿昆这小子的手机才丢脸，竟然收不到信号。”那个男生挥开女生的手，瞪了一眼旁边的乘客。

他们没有一点儿要收敛的意思，那个女生微弱得像蚊子飞的声音很快就被吞没了。她不再理那几个男生了，默默地往角落挪动，想要跟他们划清界限。

弯弯看了，摇摇头，忍不住发出不平之鸣：“为什么现在的人都这么自私，只管自己，不管别人？我们也有权利享受清静啊！”

小玉拽了她一下，低声说：“弯弯，你少说一点儿，要不等一下他们揍你，我可不管。”

“你这就是姑息养奸。老师说的，如果每个人都只扫自家门前的垃圾，那整个社会就会变成一个特大号垃圾场。”弯弯越说越大声。

幸好这群男生到站了，他们呼啸着下了车，其中一个火鸡头回头狠狠地瞪了弯弯一眼：“你不说话，没有人会当你是哑巴！”然后，吹着口哨扬长而去。

小玉说弯弯：“你看，被他骂了一句，你多划不来！”

“有什么关系？反正我又不会真的变成哑巴。”弯弯不以为然。

她们找了空位坐下来，车内突然变得安静又宽敞了。这时，有一位衣衫褴褛、看上去好几天没洗澡的人走了过来。他吹完口琴，唱起歌来。虽然听不清楚他在唱些什么，可是那调子让人听了就觉得哀伤。

吹了一段，又唱了一段，那人脱下帽子边走边说：“我的太太生病死了，孩子脑瘫，我又有忧郁症，不能工作。请给我一些钱，让我买些东西给孩子吃。谢谢，谢谢，老天保佑你！”

大部分人都不理他。小玉跟弯弯说：“他一定是骗子。赶快低下头，假装睡觉，等他走过去再说。”

“为什么？他那么可怜，口琴吹得也很好听。我妈妈说，这是街头艺人。我们听了音乐，就应该付钱，你不给我给。”弯弯说完便把妈妈给她的车钱捐给了那个人，心想：大不了演唱会结束后走路回家。

后来，又上来一对情侣。他们一上车，就靠在车厢后面开始接吻，也不管大家都在看他们。

有一位老先生气得发抖，对着他们大声说：“你们成何体统？

太不像话了！”

但是，他们根本不理，肆无忌惮。弯弯看呆了：“我不知道坐地铁这么刺激，早知道就不花钱听演唱会了，在地铁上看真人秀好了。小玉，不知道他们接吻以前有没有刷牙，有没有吃口香糖？”

小玉狡黠地转了转眼珠，大声回应她：“老师说的，如果口腔有伤口，就会通过血液感染传染病。”

大概是这句话产生效果了，那对情侣不再接吻了，可还是搂搂抱抱的。有些乘客一边偷偷看，一边批评他们的举动；有些乘客则把他们当空气，见怪不怪。

弯弯却在想，真不知道这些人是怎么想的，怎么会这么喜欢引人注目？像她上次去看电影《哈利·波特》，就有人不关手机铃声，还故意大声聊天，唯恐天下人不知道他在场！这样子赢得的注意，又有什么光彩呢？

下车后，走在去演唱会的路上，弯弯跟小玉仍在讨论这个问题。小玉提醒她：“你有一次搭公共汽车，也很大声地说话，你忘啦？”

“哦，对啊！我只看到别人眼中的刺，忘了自己眼睛里有一根超大的柱子。我那次是因为……我想起来了，因为车上坐着一个我喜欢的男生。”

“我也招认吧：有一次跟我妈去买衣服，我试穿衣服出来，笑得很大声，其实是想吸引别人注意，夸赞我穿什么衣服都好看。”小玉拍了拍弯弯的肩，表示理解地说。

说来说去，好像每个人都有些爱表现，不知道这是不是因为我们平时受到的关爱太少了。

学会自己长大

xue hui zi ji zhang da

在任何场合，你都喜欢大声说话、举止夸张、奇装异服、发表谬论……到底是为了什么？自己诊断一下，是因为内心有点儿自卑吗？

要知道，别人把目光投向你，不一定是欣赏你，也可能是不屑，或是觉得你很幼稚。

真正有才华的人是懂得谦卑的人，这样的人身上发出的光芒才会闪亮到永远。

汉堡真是人间美味？

弯弯一家都很喜欢吃东西，一说到吃，每个人的眼睛就都亮了起来。然而偏偏他们四个人有四种不同的口味。

在家吃饭还好，鸡、鱼、青菜……大家各有所好，各吃各的，也就没有人会抱怨。要是出门下馆子，大家的意见可就多了，经常是站在路口讨论半天都没有结果。

爸爸是在乡下长大的，喜欢炸酱面、卤肉饭等家乡小吃；妈妈喜欢吃水饺、馅饼等面食；哥哥是标准的哈日族，喜欢寿司、拉面、生鱼片等；弯弯则最喜欢吃汉堡了，觉得它圆圆的、鼓鼓的，很可爱，一层又一层的，夹了不同的东西，变化很多，选择也多，颜色也配得很漂亮。

只要弯弯提议吃汉堡，妈妈就会像吞下了蟑螂一样大声叫："弯弯！妈妈跟你说过多少次，一个小小的汉堡，卖那么贵，足足可以买五个生煎包了，卡路里也那么高！报上说汉堡公司的老板得心脏病死了，一定是因为吃了太多汉堡。这种食品，偶尔吃，妈妈勉强可以答应，但是你要把它当饭吃，对不起，妈妈誓死反对到底。”

爸爸爱妈妈，所以到最后都会听妈妈的：“对，弯弯，妈妈说得没有错。你看她的身材保持得这么好，不吃汉堡当然是有道理的。”

哥哥跟弯弯是死对头，当然也不会站在她这边，还说风凉话：“哎呀，我们又没赚钱，白吃白喝的，就不要挑剔了！”

弯弯只好望着汉堡店的招牌流口水，同时心里发誓将来一定要当汉堡店的老板。因为日有所思，她夜里做梦就梦到自己参加吃汉堡大赛。各式各样的汉堡在她面前排队，害她都不知道该先吃哪一个。正在这时，她被妈妈叫醒了，说她再赖床就要迟到了。

下午，好消息来了！放学时，小玉神秘兮兮地跟弯弯说：“告诉你一个好消息，你要怎么谢我？”

“是明天的体育课不用上了吗？”

“比这个更棒的消息：我家附近的汉堡店正在搞促销活动，

三个汉堡才卖十二元。”小玉伸出了三根手指。

弯弯刚刚笑出来，就又收了笑容：“十二块也不便宜。我一星期才二十块零用钱，还不够吃两次的。”

“你怎么突然变笨了？我们可以把两次午餐的钱省下来，那样就可以吃三顿汉堡了。”小玉早就想好了。

于是，从第二天开始，她们中午就都饿着肚子，拼命喝开水，或是吃同学施舍的一片饼干、半块排骨。好不容易等到了第三天的放学时刻，两个人来不及跟同学说再见，就匆匆背着书包赶去吃汉堡了。

排队的人很多。拿到汉堡后，弯弯兴奋得差点儿掉下眼泪：“汉堡啊汉堡，多少人为了你抛头颅、洒热血。真的是——爱情诚可贵，自由价更高，若为汉堡故，两者皆可抛。”

小玉听不太懂弯弯说的话，诧异地瞪圆了眼睛：“弯弯，你说什么流血、砍头的？汉堡哪像你说得那么伟大。”

“我是学我爸爸说话！他每次加班不回家吃饭，都会跟我妈妈说‘爱情诚可贵，自由价更高，若为钞票故，两者皆可抛’。大人看重钞票，我只在乎汉堡。”

“汉堡，万岁！汉堡，万岁！”小玉笑着喊着，弯弯喊着笑着，两个人都像疯了一样。

看看手表，时间不早了，害怕再晚回家爸妈会疑心，两人只好用最快的速度拼命把汉堡往肚子里塞，差点儿被噎到。

弯弯的妈妈做了一桌子好吃的菜，包括弯弯爱吃的新奥尔良烤鸡。早已吃饱了的弯弯当然没有什么胃口了，没吃几口，就搁下了筷子。

妈妈关心地问弯弯："是不是不舒服？还是中午吃坏肚子了？你今天中午在学校吃什么了？"

弯弯随便编了一个谎言搪塞过去，妈妈没有再追问。

这样过了一个星期，弯弯就发现自己的肚子凸了出来。她想，可能是因为吃了太多汉堡中夹的鳕鱼了吧。

这天放学后，弯弯意兴阑珊，走去汉堡店的脚步也迟缓了许多，不知道要怎么跟小玉说自己不想再吃汉堡了。

小玉却说："弯弯，你真的还要再继续吃汉堡吗？老师那天打电话给我妈，说我中午都不吃饭，问是不是在减肥。我都不知道该怎么跟我妈解释。而且，每天吃汉堡，也很腻呢！"

"啊？你不早说，我还以为你很喜欢吃呢。那今天就是最后一次，我们要跟汉堡说拜拜了。"

坐在汉堡店临街的窗前，弯弯一口一口地咬着汉堡，觉得自己真的不像刚开始时那么爱吃了。做了跟汉堡分手的决定，弯弯觉得松了一口气。

没想到，当弯弯回到家，妈妈竟然跟她说："弯弯，妈妈看你最近表现很好，成绩也进步了，所以征得你爸爸的同意，这次你过生日请你吃汉堡大餐，你高不高兴？"

弯弯听了，几乎要流下眼泪来。为什么当她想吃汉堡想得要命的时候却吃不到？而现在，一听到"汉堡"这两个字，她就开始犯恶心了。

学会自己长大

xue hui zi ji zhang da

对任何东西的需求，都要适可而止。

吃汉堡、玩电脑、看电视、看漫画、睡觉……虽然你很喜欢，但如果让你天天做同一件事，你也会腻的。

要把握好自己生活中的“度”，才不会变成大脑袋怪物、驼背老少年，或是眼睛永远都睁不开的“睡人”。

同学家好像五星级大饭店

平常弯弯都是在家做作业，遇到不会的题目，就打电话问同学。可是，有些作业必须大家一起讨论，单单靠打电话询问很不方便。于是，这一天，征得妈妈的同意后，弯弯她们几个好朋友就约到廖晓薇家一起做作业了。

天快黑的时候，妈妈一直打电话催弯弯，说大家在等她一起吃饭。弯弯实在很喜欢廖晓薇家，临走时就问晓薇："我以后还可不可以来你家做作业？"

"当然可以啦！你最好每天都来我家。"晓薇一口就答应了。

回到家，弯弯的老毛病又发作了，喋喋不休地说着晓薇家多漂亮，好像总统套房。

她兴奋地跟每天为了停车伤脑筋的爸爸说："他们家的地下室就是停车场，停好车，直接就有电梯通到他们家，这样子就不怕有人跟踪、打劫。而且，他们家好大，有四层楼。一楼是客厅和餐厅；二楼是晓薇的爸爸妈妈住的；三楼完全属于晓薇；四楼是娱乐室，有一个乒乓球台，外加各种健身器材，还有一间小型电影院。唉，做他们家的小孩好幸福！”

爸爸摸摸她的头：“我也正想换栋房子呢！等爸爸买彩票中了特等奖，一定买栋大房子给你住。”

妈妈听了却很生气：“弯弯，你也太不懂事了。爸爸妈妈养育你们长大成人，上学、上才艺班，要花好多钱呢！现在赚钱这么不容易，我还不知道将来你们念大学、研究生的学费在哪儿呢！既然你这么羡慕别人，你就去做他们家的小孩好了。”

“妈妈，我只是说他们家好漂亮，又没有说要做他们家的小孩。”弯弯不明白为什么妈妈火气这么大。

“别人家的小孩会帮忙打工赚钱，我们家的小孩只会动嘴巴跟爸爸妈妈顶嘴！唉，你这个孩子，真是太叫人伤心了。”妈妈说着，眼圈红了。

爸爸把弯弯拉到一边去，低声说：“你妈妈今天心情不好，你就不要再说了。去洗洗手，吃饭了。”

因为气氛不好，不到十点，一家人就一个个都回房睡觉了。

弯弯翻来覆去睡不着，她在想：妈妈真是偏心，哥哥要什么有什么，我只不过说了几句玩笑话，妈妈就把我骂成那样。这样想着，她不由得想到晓薇，忍不住给她打了电话。晓薇听说弯弯要来自己家，高兴地答应了。

弯弯整理了一小背包换洗衣物，留了一封信，就离开家，搭公共汽车去晓薇家了。

没想到，晓薇家竟然一片死寂。佣人去约会了，她的爸爸还在外面应酬，妈妈则出差了……偌大的房子黑漆漆的，跟白天的富丽堂皇全然不同。置身这里就好像晚上去参观动物园，只觉得恐怖，感受不到一点儿欢乐气氛。

比较起来，弯弯家虽小，却温暖得多。

和晓薇看了一会儿电视后，弯弯担心爸爸妈妈会报警找她，决定还是回家。

坐在最后一班公共汽车上，望着窗外晃动的夜景，弯弯突然想起之前看过的一部电影。

那电影讲了这样一个故事：

有个叫托托的男孩，家里很穷。隔壁住着一个有

> 钱的男孩。托托常常幻想自己是小时候因医院婴儿房失火而被抱错的，他才应该是那有钱人家的小孩。一个偶然的机会，他了解到，原来那有钱人家的男孩一直羡慕自己的家庭：虽然物质上不富有，可是却时时充满笑声，不像他家，只是一间冷冰冰的水晶宫……

这一切好像就是弯弯的写照。

弯弯蹑手蹑脚地溜进屋子，幸好爸爸妈妈还没发现她短暂的出走。她把自己留的信慢慢撕掉，躺到床上默默祈祷，请老天原谅她不懂得体谅父母。她发誓，以后会努力爱自己的家，即使羡慕别人，也不再说出来伤妈妈的心了。

学会自己长大

xue hui zi ji zhang da

请自问自答：

你喜欢自己的家吗？

如果你不喜欢自己的家，有没有努力去改变它呢？

你为什么羡慕别人拥有的东西？

你家有哪一样宝贝是别人家没有的？

每一家都有无价之宝。一个人只有懂得欣赏自己的家、肯定自己的家，才会过得快乐。否则，天天羡慕别人，只会让自己变得更不快乐，那就太不值了！每个人出生的家庭不同，接受自己，得先从接受父母和家开始。

我不是败家女

放学后，弯弯故意绕了一点儿路。小玉好奇地问她：“过两天就要考试了，你还不赶快回家复习？”

“你什么时候变得那么爱唠叨？像我妈妈一样！我只不过想去看看新开的那家店有没有好看的手机链。”

凯莉走过来，眉飞色舞地说：“走，弯弯，我陪你去，天天读书多无聊。”她搭着弯弯的肩，边走边说：“走吧！看完以后，我们去吃火山冰。”

到了目的地，凯莉欣赏着橱窗里的新款手机，兴奋地说：“你看这款彩色的多漂亮，像素还高，我们下次去听演唱会就可以用了……”

可是，弯弯的眼睛却紧盯着模特儿身上的那件绿底小粉蝶图案的短裙，一条一百八十元。她穿起来一定很好看。爸爸常说，她是春天的小蝴蝶，一定要打扮得漂漂亮亮的。弯弯决定跟爸爸要这条裙子，反正自己的生日也快到了。

回到家后，弯弯没心情吃饭，一直缠着妈妈说那条裙子多美多梦幻，妈妈却不理她。

她又去跟爸爸说："每次买东西都要回来找你们要钱，好麻烦啊！您干脆帮我申请一张信用卡附属卡吧，我不会乱花的。"

在厨房帮忙择菜的哥哥听到这里，突然冲过来，对着弯弯大吼："你这个败家女，你知不知道……"

哥哥还没说完，妈妈就连忙制止了他："平平，不要乱说话！"

弯弯嘟起嘴来，毫不示弱："你才是败家子呢！一下买电脑，一下买数码相机。你说话公平一点儿啊！"

"好了，赶快吃饭了，吵得妈妈头都痛了！"

令弯弯感到反常的是，爸爸什么话也没说，只是微微皱着眉头。弯弯隐约感到了奇怪的气氛，也就乖乖闭上嘴巴，决定等明天爸爸心情好了再说。

弯弯半夜起床上厕所时，意外发现爸爸妈妈房间的灯是亮着的。她悄悄绕到阳台那边，竟然听到妈妈在啜泣。

啊？会不会是爸爸有外遇了？太过分了！妈妈虽然爱唠叨了一点儿，却是个好妈妈，爸爸要去哪儿找到比妈妈更棒的？

她正要冲进房间抗议、护卫妈妈，就听到爸爸说："我也没有想到公司竟然连工龄补偿金也不给。前不久买的股票又是地雷，把咱家的储蓄都赔进去了。这房子的贷款还有那么多要还。我看我们得换个小房子，想办法卖掉一些不必要的东西……"

"那弯弯就暂时不要去上美术课跟钢琴课了，钢琴还可以卖一些钱……"

弯弯听不下去了。为什么自己这么倒霉？爸爸一失业，她的世界就要变成一片灰暗，仿佛蝴蝶折了彩翼。为什么不是哥哥卖电脑、爸爸卖汽车、妈妈卖珠宝首饰？就因为她是家里最小的，就要被欺负吗？弯弯越想越生气，根本睡不着，早上也不想起床去上学。

妈妈叫了她半天，她都没动静。妈妈终于生气了："你这个孩子怎么这么不懂事！"

弯弯翻过身来，脸上布满泪痕，可怜巴巴地问："你们为什么要卖我的钢琴？"

"你……你知道了……"

“哼，还想瞒着我！你们都串通好了欺负我。呜呜……”

妈妈听了弯弯的埋怨，忍不住说出了实情：“你爸爸怕你难过，要我们大家瞒着你。上星期你的学习成绩进步了，你爸爸还带你去吃牛排，他自己却每天走路去找工作，为的是省下地铁和公共汽车票钱。他怕你没法练琴，宁愿卖自己的车子，留下你的钢琴……你为什么就不能多体谅体谅你爸爸？”

弯弯完全误会爸爸了。她觉得自己真是太自私了，决定跟爸爸说卖掉钢琴没关系，她可以去少年宫练琴。她要跟家人一起共渡难关。

弯弯不要做败家女，而要做一个爱家女！

学会自己长大

xue hui zi ji zhang da

有的人零用钱很多，多到乱花；有的人零用钱很少，却懂得支配，让一点点钱变得很有用。懂得如何用钱，才不会被钱奴役。

手机有好几个，耳朵却只有一对；衣服有几十件，可只有一个身体；鞋子有几十双，也只有两只脚。过量的物质，其实只是浪费。

当家庭遇到困难时，相信懂事的你不会立刻躲起来、假装不关你的事！

2

天空的颜色
好蔚蓝

直面困难

好想逃到天边去

已经快要半夜十二点了，弯弯仍在伏案学习。明天要考的《木兰诗》还没有背好，数学习题也才做了一半。妈妈责备弯弯："你就是这样，大考大玩，小考小玩，不考更玩。像你这样临时塞包子，只会消化不良。"

爸爸也走过来，说："好了，学不完就学不完，快去睡觉吧！明天没精打采的，怎么考试啊？"

弯弯却不敢上床。考不好，会被老师批评，被同学嘲笑……

越想越恐怖，越想越睡不着，弯弯多希望明天刮龙卷风，或是发生大地震，她就可以不用上学了。可是，总不能为了她不想上学，就牺牲很多生命吧？"呸呸呸，乌鸦嘴！"她觉得自己的想法太自私了。

这样逃避也不是办法，弯弯心想，说不定这是一个展现她的实力或潜力的好机会呢。像那个纵横于各个电视节目的阿姨，就有一个离家出走的小孩，结果她却大受欢迎。妈妈每次提到那个阿姨上节目赚了很多钱，都很羡慕。要不干脆自己也到超市住几天？也许会有记者访问妈妈，妈妈就会红了。

老师每学期都在弯弯的成绩手册上面写“富有冒险犯难精神”，她正好可以好好发挥发挥嘛。这么一想，弯弯兴奋起来，开始计划着要躲到哪里去。

早晨起床后，因为一直在想这件事，弯弯忘了还有好多作业没做完。从家里走到学校后，她没有进校门，转了一个弯，搭上了公共汽车。

去快餐店？她会吃到胖死。去书店？一直看书，眼睛的近视度数会增加。去景区？太远了，万一迷路了怎么办？

在公园里待了一会儿，把妈妈准备的早餐吃完后，弯弯便去“考察”了一下公园的厕所，发现那里好臭好脏，不适合躲藏。凉亭的风景很美，可是夜里蚊子一定很多，也可能刮风下雨，或是遇到坏人……这么一想，弯弯禁不住全身发冷，连忙离开了公园。

走啊走，弯弯来到了她平常很想来、妈妈却不愿意带她来的百货商店。站在门口，她开始紧张起来，好担心警卫看出来她的企图。她一个专柜一个专柜地仔细打量，盘算着躲在哪里最好。

“喂！你怎么没去上学？”突然有人用力地拍了下她的肩膀。

弯弯吓了一跳，转过头来，见是个跟她差不多大的男孩子。他身上有一股奇怪的味道，好像很久没有洗澡了。

“你一定不喜欢上学，要不要跟我们一起流浪？我知道什么地方好玩。”另外一个穿粉红色上衣的女生也走过来，对弯弯挤挤眼，又指指自己身上的衣服继续说，“而且还可以穿名牌衣服，不要钱的！”

弯弯看看四周，见警卫走了过来。她觉得好像所有人都在看自己，知道自己逃学，要把自己抓回去。她甩掉那个女孩的手，往门外冲，一直跑到公共汽车站牌才停下来往回看。见没有人追过来，她才松了一口气。

老师如果发现自己没有去学校，会不会打电话给妈妈？妈妈会不会报警？警察会不会把妈妈抓起来？

电视上说，英国就有一个妈妈因为无法阻止自己的小孩逃学而被法院判刑，关了两个月。如果因为自己逃学，害妈妈被关，因此上电视，那多丢脸！妈妈一定会用外套把脸遮住，从此一辈子都不跟她说话。

虽然不情愿，弯弯还是上了公共汽车。坐在她旁边的两位妈妈一路叽叽喳喳，好吵！她们说的是一个离家出走的男孩小强的故事，像是故意说给弯弯听似的。

小强从读小学开始就经常翘课、逃学，他爸爸妈妈起初还会到学校关心一下，后来经常接到老师的电话，觉得很没面子，只要把小强找回家，就教训一顿，把他关在家里。可是，小强还会想尽办法离家出走，他爸爸妈妈很生气，干脆撒手不管了。

就这样过了几年，小强高中没毕业就不上学了。他没有一技之长，只能打打零工，连吃饭也是有一顿没一顿的，跟家里也断了关系。他爸爸最近罹患癌症，他都没去医院探望。

“你说可不可惜？小强其实挺聪明的。听说是老师不喜欢他，常常骂他笨，同学也欺负他。如果他爸爸妈妈好好跟他沟通，他也许不会变成这样。”其中一位妈妈说。

另一位妈妈却说：“我觉得小强自己也有责任，他曾跟我说过，他现在很后悔，不知道可不可以再从头来过。”

听到这里，弯弯想：逃到外面去流浪，原来也不怎么好玩，干脆回学校吧！考不好，没关系，以后再用功一点儿就是了。

走进校门，弯弯看到许多妈妈正等在门口给自己的孩子送午饭。她依稀闻到了炸排骨的味道，在外逛荡了一上午，肚子饿了……

学会自己长大

xue hui zi ji zhang da

当你赖床、迟到，或是借口头痛、肚子痛不想上学时，请先想清楚翘课、逃学的原因。是交不到好朋友、同学欺负你，还是讨厌或恐惧某个科目？

这个世界上，每个生命都有其与众不同的地方。也许你数学成绩不佳，但是写作水平一级棒；也许你英语口语很差，但是对作文非常感兴趣……多挖掘自己的潜力和优点，才能找回自信。

如果你有烦恼，可以跟爸爸妈妈或老师谈一谈，让他们来帮助你。

输给别人不丢脸

走在回家的路上，弯弯兴奋得一直跟小零说：“我真的没想到我们班会得合唱比赛第一名，太高兴了！最可笑的是四班的廖美莉，输了还不服气，说我的钢琴弹走音了，还说咱班韩立中指挥的动作太夸张。输了就输了，真是没度量！”

小零不耐烦地推推弯弯：“我看你好像录音带坏了，一直倒带。从放学到现在，你已经说了好几遍了。不要今天晚上过度兴奋睡不着觉，明天还要考英语呢！我要赶去上辅导班了，不跟你说了。拜拜！”

弯弯走进自家单元门，掏出钥匙，刚要开门，突然瞥见身旁的布告栏上有一张海报，说社区要举办睦邻比赛。她仔细瞧了瞧，发现还真不错呢，获胜的家庭可以得到精美的奖品。她要赶快把这个好消息告诉家人，看看要不要参赛，怎么赢得奖品。

受金融危机的影响，彩票成了穷人的发财希望。弯弯的爸爸每期都捧场，至少买一张，遇到体彩加码，还会多买。结果每次开奖，每次都落空。爸爸唉声叹气，妈妈就嘲笑他，说还是本本分分赚钱比较好，不然心情起伏那么大，对身体很不好。

爸爸失业后，哥哥利用假日去打工，妈妈平时也会写些做家务的小窍门和亲子沟通心得的短文赚稿费。大家都想尽办法增加家庭收入。

果然，大家一听弯弯的提议，立刻全票通过。怕名额会满，弯弯急忙打电话给居委会报上了名。

周六下午两点，社区公园聚集了许多家庭。有的穿一模一样的家庭装；有的穿彩虹装；有的还在头上绑布条，在布条上写上“必胜”两个字；有的则穿全套运动服，好像参加奥运会一般。弯弯一家统一穿了一身蓝，是商场搞换季大促销时抢到的三十元一套的休闲服。

比赛项目很多，有回答环保相关问题的“机智问答”，有“警察抓小偷”等“急难救助”，有猜测蔬果食品价钱的“购物频道”，还有玩“两人三脚”的“团结力量大”……至于奖品，则有精美的鼠标、游戏软件、烤面包机、刮胡刀、净水器……现场每个人都摩拳擦掌，希望自己成为大赢家。

一关关惊险过后，三十二个家庭代表队只剩下五个了。他们要参加最后的“团结力量大”项目的比赛，一决高下。弯弯放眼望去，觉得自己家最有冠军相。如果真的赢了，那就可以得到全套的小家电了！

可是，越想获胜，越容易紧张。在“两人三脚”的游戏中，哥哥跑得太快，妈妈跟不上，爸爸跑得太急，弯弯差点儿摔跤……最后，弯弯一家只好把冠亚军拱手让人，屈居第三名。

弯弯气得要命，怨哥哥，怪爸爸，觉得好丢脸。

妈妈抱着获得的奖品——净水器，连连赞叹：“不错啊，我们可以喝更加干净的水了。晚上我来炖排骨汤给大家补一补。”

“有什么好庆祝的，输成这样！”弯弯难过得不想吃饭。

妈妈进房间来劝她：“你记不记得前两天合唱比赛别的班输给你们，你还笑他们输不起？如今换了你自己，不也是患得患失？其实，很多事情不要太在乎输赢，而要看你在这件事上有没有学到东西，有没有开心的收获。像今天，大家都玩得很高兴，只有你一个人生闷气，多划不来啊！你想想看是不是这么个理儿，想通了就来吃饭吧。”

是啊！弯弯看看镜子里的自己，红扑扑的脸，几根刘海覆在额头上，整个一“很健康的阳光女孩”——这是别人刚刚夸奖她的。这难道还不算是最好的收获吗？

况且，他们家已经很久没有聚在一起活动了，这次的社区比赛让他们全家感觉好像坐在同一艘船上一起划桨往前走，是一次增进彼此之间亲情的好机会呢！

弯弯知道，如果自己不赶快去餐厅，排骨汤就会被哥哥那个馋鬼喝光。想到这里，她用最快的速度冲出房门，脸上已经挂上了灿烂的微笑。

学会自己长大

xue hui zi ji zhang da

我们的生活中充满了比赛，每场比赛都会有赢家、输家，赢得奖杯的人只有前三名，甚至是唯一的一名。没有获得名次，并不能说明你很差劲，参与比赛的过程本身也是一种享受、一种收获。

小小的输，在生命的无数场比赛中算起来只是一粒沙子，微不足道。我们就是在输赢之间累积了实力，寻找到快乐生活的秘诀。

说出心里的想法

弯弯最喜欢上张老师的课了，虽然他主要教英语，只是客串班级心理辅导老师，却常常给大家很多帮助。每当同学遇到家庭问题、感情问题，或是生活上的琐碎事情，他都会热心提供意见，帮忙解决。

每堂心理辅导课上的小讨论，张老师都会针对新近发生的新闻事件让大家脑力激荡一番。经过短短二十分钟的讨论，大家既思考了问题，也学会了应对方法。万一自己以后遇到类似问题，便不会手忙脚乱。

弯弯猜测张老师今天会让大家讨论昨晚电视报道的一位小学六年级学生离家出走的新闻，早就想好了一堆的问题。果然张老师开口就问:“昨晚的新闻大家都看了吧？觉得这位六年级小学生应该离家出走的请举手。”

举手的人不多。

张老师接着问："那么，你们曾经有没有过想要离家出走的念头呢？"

这个问题太敏感了，大家都推来推去的，没有一个人愿意开口。

张老师笑了笑，说："那么，你们猜老师有没有离家出走过。"

怎么可能？张老师那么阳光，有他的地方，就有笑声。

小玉也跟弯弯的想法一样："老师，如果你会离家出走，恐怕全世界一半的人都会离家出走了。"

没想到张老师却说："你们一定猜不到，我真的想要离家出走过。现在回想起来，都觉得不可思议。记得是念小学五年级时，我不小心把妈妈心爱的水晶小熊打破了一个角。那是爸爸妈妈恋爱的纪念，是我爸爸用他当兵时从生活费中省下来的钱买下的。我担心妈妈会生气，便决定在妈妈回家前离家出走，这样妈妈忙着找我，就不会发现小熊被打破了……"

张老师这么一说，仿佛点燃了一盆火，而且火越烧越旺，大家都发现自己也曾有过情绪低潮，便都争先恐后地说起自己的经历。

静慧说:“去年暑假，我妈妈原本答应让我去参加夏令营活动，我还约了同学。可是，妈妈后来却没经过我同意就替我报了个游泳班，不让我去夏令营了，我就想找个地方自己待着。

俊益哑着嗓子说:“因为爸爸妈妈要离婚，两个人都不要我，我觉得自己是多余的，心想干脆一走了之，免得爸爸妈妈烦恼。”他说着，眼眶就红了。

梅如想离家出走的原因很简单:“英语辅导班的男生骂我肥猪，我气死了——做猪已经够可怜，我还是一头肥猪！回家看到自己这么胖，越想越难过，就……”

弯弯没有想离家出走的经历，但很想参与讨论，就说:“我可以说说我好朋友的经历吗？ 她约了她喜欢的男生一起去看电影，早上起床后却突然发现自己脸上长了一颗青春痘，于是想离家出走，去一个谁也不认识她的地方……是不是很夸张？”

张老师做了总结:“那些想离家出走的人，往往都只是一时的情绪冲动，甚至是小得不得了的问题导致的。我知道有这样一个女孩子，她想上辅导班，她爸爸说家里经济不宽裕，而且她的成绩已经很棒了，根本不用补课，你们猜这个女生怎么着，她竟然趁家人不注意，离家出走了。她爸爸找了好久才找到她，那段时间，她爸爸哭得好伤心 。如果让她重新做一次选择，我相信她一定不会选择离家出走的。”

“所以，我鼓励大家都说出自己心中的想法，不要憋在心里，那会造成很多误会。而且，要换个角度想事情，才不会钻入牛角尖。这次不能去夏令营，下次可以去；爸爸妈妈没办法陪你，你要更珍惜自己，好好活下去；同学骂你肥猪，你当然不会因此真的变成肥猪；至于青春痘嘛，不可能一辈子留在脸上，况且如果那个男生只注重外表，就不值得喜欢！”

张老师倒背着手，边在讲台上踱步，边侃侃而谈。

“老师，那你后来到底有没有离家出走？”凯莉举手问。

“当然没有。这要谢谢我的妈妈。她说，虽然小熊破了，她跟爸爸的美好回忆却是不会消失的，可是如果我离家出走了，他们可能永远看不到我了，不知道会有多伤心。”

放学后，弯弯回到家，正要跟妈妈分享张老师的故事，却听到妈妈打电话的声音很大，好像在跟人吵架，这不像平常的妈妈。她仔细听，才发现是因为爸爸不回家吃饭，要去应酬。

妈妈气呼呼地大叫："我讨厌你有应酬，每次你都喝得醉醺醺的回来！"

可是，爸爸还是决定去应酬。失业好几个月，刚刚找到新工作，他必须跟同事联络感情。

接下来的一通电话更是火上浇油，妈妈的心肝宝贝——陆平平要去探望女朋友的奶奶，也不能回家吃饭。

妈妈生气地一屁股坐在沙发上，冲着弯弯大嚷大叫："一个个都不想回家，我做饭给谁吃啊？"

如果是以前，弯弯会吓得躲到房间里，等妈妈消气。可是，今天张老师的课给了她要努力表达意见的启发，于是她便鼓起勇气说："妈妈，你还有我啊！你做什么我都吃。如果你太累了，不想做饭，那我做西红柿鸡蛋面好不好？"

妈妈半是诧异半是感激地看了弯弯一眼，一把把她搂进怀里，有些惭愧地说："弯弯，乖女儿，妈妈吓到你了。"

"妈妈，你以后说话别那么大声好吗？我会害怕，我会以为你们都不爱这个家了。我要我们大家都在一起，永远在一起。"弯弯说着，几乎要哭了。

妈妈擦去眼角的泪水，欣慰地说:“还是弯弯懂事。这样吧，既然你爸爸和你哥哥都不回来，咱们母女俩好好享受享受。弯弯，你想吃什么？走，妈妈请客！”

学会自己长大

xue hui zi ji zhang da

每个人都有自己的情绪低潮期，心情不好的时候就会想骂人、摔东西，或是大吃一顿。

你是如何发泄情绪的？会伤害自己，或是别人吗？

坏情绪既然无法避免，我们就要想办法排解。

小时候，我情绪不好时就会一直撕纸，把所有的怒气转移到纸上面，撕完了也就发泄完了，只是损失几张纸而已。

现在，我情绪不好时就会埋头写稿子，发泄的同时还可以赚稿费呢！当然，跟朋友聊天，或是一个人去看一场电影，也都是非常有效的方法。

男生打女生，女生打回去？

夏天快要过完了，可天气还是那么热。弯弯每次放学回家都马上洗澡，可睡觉前又是一身汗，只好再洗一次。

有一天晚上，弯弯拿着换洗衣物经过哥哥的房间门口，哥哥竟突然出言不逊："喂，你实在很浪费呀！一天洗两次澡，你以为你是杨贵妃啊？"

"谁像你，比外婆家的腌菜缸还要难闻。"弯弯最受不了哥哥，每次走过他的房间，都会闻到一股千年不散的汗臭味。

"你再说……"哥哥为了制止弯弯的嘲笑，一把抢过她的衣服，开始搔她的痒，没想到不小心碰到了她的胸部，让她觉得很不舒服。

为了制止哥哥搔自己痒，弯弯抬起脚来朝哥哥踢去，踢得哥哥哇哇大叫。

“不得了了，弯弯要谋害亲兄了！”

哥哥吵着要妈妈评理。妈妈平时就有些偏袒哥哥，弯弯很担心挨骂。可是，为了维护自己的尊严，她决定据理力争，誓死捍卫自己的身体隐私权。

妈妈听了弯弯的辩护词，觉得很有道理，就提醒哥哥：“你的举动已经让你妹妹觉得不舒服了。你别忘了，你妹妹已经长大了，开玩笑也要有分寸。”

哥哥很生气，砰的一声关上门，不再理弯弯了。弯弯打胜了一仗，却不觉得高兴。她在想：为什么我和哥哥长大以后，就不能像以前一样打打闹闹了？

其实，这样的烦恼不只她家有。

学校里也有男生对女生毛手毛脚，例如趁女生不注意从后面拍她们的肩膀，或是在打扫卫生时故意朝女生身上洒水。

更恶劣的是，有的男生还会趁放学时人潮汹涌，假装跌倒在女生身上。

遇到这种情况，大多数女生都会脸红红的、头低低的，暗暗跺脚不已。她们到底是喜欢男生这样做，还是很讨厌他们这样做呢？

弯弯问班上胸部很早就发育的女生美欢："有些男生从你身边经过时故意撞你，你为什么不生气呢？"

"生气有什么用？他们还是会来找麻烦，不理他们就好了。"

"可是，男生说你很喜欢他们撞你呢！"弯弯激动地说。

原来，这些女生只是怕引起更大的麻烦，所以才忍了下来。

这怎么行，老师不是常常说不能姑息养奸吗？

因此，当威志又使劲拍丽华的肩膀时，弯弯猛地冲过去，一把拍落了威志的手。同学们笑成一团，威志气得要揍弯弯。

大家闹得不像话，老师闻讯赶来，要全班同学进教室。

当老师听完全部经过后，便请大家举手表达意见，说说谁对谁错。

让弯弯很惊讶的是，竟然只有少数女生支持她。

幸好，老师主持了公道："这件事，他们三个人都有错。因为丽华没有表示拒绝，所以才会纵容威志；而威志的举动则明显侵犯了丽华。至于弯弯，她的出发点是善意的，只是以暴制暴并不是一个好方法。希望你们以后都能学会互相尊重。好，现在威志向丽华道歉，弯弯向威志道歉，大家以后还都是好同学。"

虽然不怎么服气，但弯弯想，经过这件事，至少男生以后不敢再那么明目张胆地欺负女生了，她也算是达到目的了。

学会自己长大

xue hui zi ji zhang da

进入青春期，男生女生的身体开始发育，有了变化。女生们这时才会警觉到，彼此之间是不同的。

我从小喜欢跟男生一起打打闹闹，到了夏天还经常与他们一起去游泳。那时，没有泳衣，我就穿了上衣和短裤去游泳。上衣浸湿后，贴在身上，邻家男孩伸手摸我凸出的口袋："你偷藏了什么糖果，不给我吃？"我忙打落他的手，因为他摸到了我刚刚开始发育的胸部。也就是从那时开始，我知道，我长大了，男生女生之间要保持某种距离了。

网络里躲了许多大怪兽

从电影院里走出来，看看手表，时间还早，弯弯不想回家，就问金棋：“我们去商场逛一逛，好不好？”

金棋吞吞吐吐地说：“我还有别的约会，恐怕来不及了，你自己去吧。”

弯弯大吃一惊，怪不得金棋今天穿得这么漂亮，还别了两个橘色的发夹，原来……

“你什么时候交了男朋友了？都不告诉我，真不够朋友！”

“也不算什么男朋友！我跟他是在网络上认识的，是个念高中的大哥哥。我们聊得很开心，他对我也很好。我骗他说我已经十六岁了，他约了我好几次要见面，我都没有答应。今天是他的生日，他办了一个舞会，邀我去。”

金棋一直很羡慕别人有男朋友，可是因为她体重比较重，男生只会嘲笑她。难得这个叫敏哥的男孩很喜欢她，所以她决定赴约。

弯弯却不赞成："你根本不清楚他的底细，说不定他长得像恐龙，会把你吓个半死。"

"他说可以欣赏我的内在美，我为什么要嫌弃他呢？况且，我自己也长得不漂亮。"金棋好像已经打定主意，谁也无法动摇她了。

弯弯以前也很喜欢上网，而且交了不少网友。后来有一天，妈妈朋友的女儿跟网友出去玩，竟被拍了裸照。那坏蛋勒索她好大一笔钱，否则就要把她的裸照放在网上。最后，妈妈的朋友报了警，才把那个坏蛋抓到，但是那个女孩却差点儿疯掉，家人只好送她到英国去散心。从那以后，妈妈就一再跟弯弯说："网络本身不是坏东西，我们借助它可以很方便地获取新的资讯。但是有些人心怀不轨，把网络当成为非作歹的大本营，就好像躲在迷宫里的鬼。如果我们不小心，就会被他们吃掉。所以我的宝贝女儿，你可要记住，如果要在网络上交朋友，那就只保持网络上的关系，不要妄想变成男女朋友。"

弯弯把这事讲给金棋听，可金棋根本就听不进去，反而说弯弯是嫉妒她能交到男朋友:“本来我们都是班上的‘孤恋花’,现在我终于可以摆脱这个梦魇，只剩下你是落单的，你当然不愿意了！”

虽然弯弯很为金棋重色忘友、误会自己的行为生气，可是好朋友是在危难时刻也不应轻易离开的，于是她坚持陪金棋一起过去:“我会在旁边偷偷看。确定你没有危险了，我就走开。”

金棋犹豫再三，总算点头答应了。为了保险起见，弯弯趁金棋不注意悄悄给妈妈打了电话，说了她们要去的地方，并请妈妈立刻赶过来保护她们。

敏哥约金棋见面的地方是一栋刚刚盖好的大楼。金棋在一楼大厅紧张得一直问:“我的头发怎么样？我看起来会不会很胖？像不像十六岁？我的心都快跳出来了！弯弯，你干脆陪我一起上楼，好不好？人家开生日舞会，我又不会跳舞，一定会感觉很无聊。”

弯弯当然愿意陪伴她。当她们经过大楼管理员的身边时，弯弯灵机一动，便向管理员打听她们要去拜访的那一家住户住了什么人。

管理员看了看墙壁上标示的名牌后，说:“五楼 127 号？还没人搬进来，是空屋。”

弯弯浑身发冷，感觉这是个陷阱，拉着金棋说：“我们不要上去了，很危险呢！”

“说不定是他爸爸买了房子，还没有租出去。如果你不陪我，我自己上去。”鬼迷心窍的金棋不顾弯弯反对，自己走进电梯，上楼赴约去了。

弯弯越想越不安。就在这个时候，妈妈赶到了。她要求管理员一起上楼。他们来到五楼，用力敲 127 号的门，敲了许久，都没有反应，大家还以为记错了门牌。就在这时，里面忽然传来金棋的尖叫，管理员只好粗声吼道：“快开门，警察！”

门终于开了，金棋衣衫不整地冲出来，扑进弯弯怀中哭了起来，身后跟出来一个五十多岁满脸胡子茬儿的男人。他就是金棋口中就读某高中的敏哥？

金棋的网络情人梦碎了，她又回到了孤单的生活中。弯弯这样安慰她：“别伤心，你至少还有我这个朋友。”

学会自己长大

xue hui zi ji zhang da

你是不是习惯在网上寻找友谊？当然，在网上也可能交到知心好友。但是，如果你对网络充满幻想，甚至一厢情愿地把对方想象成帅哥美女，那么多半是会失望的。尤其是相约见面后，绝大部分都会“见光死”。

有些心存歹念的网络色狼很了解喜欢上网的人的心理，知道你自卑，甚至从来没有交过异性朋友，他就会用尽各种温柔手段，让你相信他是真心喜欢你，引你上当。如果他又是个年长的男性，那更是懂得如何欺骗小女生，可怜那些上当受骗者还以为自己找到了真爱。

所以，让网络归于网络好了。真想要结交朋友，还是在生活中实际地接触、交往为好，这也是保护自己的做法。

我家，长了脚？

因为家里收入减少，弯弯家只好从大房子搬到了小房子。弯弯虽然十二分的不情愿，但也只能配合全家的行动。

搬家以后，弯弯很不适应，仿佛凤蝶褪了色彩，变成了一只虚弱的小白蝴蝶，在菜园里磕磕碰碰。

搬家后，弯弯也转学到了新家附近的一所中学，同学都是新面孔。弯弯每天起床，都恨不得能立刻下冰雹，这样她就不用去上学了。

她好怀念以前，有那么多要好的同学——小零、凯莉、嘉玉、金棋……还有她喜欢的老师们……最让她难忘的是张老师的心理辅导课，帮大家解决了许多情感上、生活上棘手的问题，让大家有信心面对成长中的各种挑战。

可是，现在一切都好像长了脚，跑了。用不了多久，大家

就会连她陆弯弯是谁都不记得了吧……

就像她那一堆好朋友，口口声声舍不得她走，刚开始还打电话聊天，或是网上分享新鲜事。渐渐地，彼此的联络就少了。因为总是谈一些旧事，很无聊；而新的呢，弯弯没有参与，听不太懂，根本不觉得有意思。

弯弯真希望有一部时光倒回机，可以回到过去，跟小零吃臭豆腐，跟美华骑自行车，跟凯莉看一个又一个的橱窗……她几乎每晚都做梦，就像哈利·波特坐在镜子前面怀念他死去的父母一样怀念过去。

她好害怕，不知道她的回忆是不是再过不久也会死去。

平常，星期六是弯弯最兴奋的日子，她总是早早就把作业写完，计划着去哪儿玩；现在，她哪儿都不想去，坐在桌前发呆。这样也好，她可以努力学习，争取考上重点高中。

话是这么说，书本被风吹翻了好几页，她也懒得翻回来。就让风帮她读书吧！

妈妈努力劝动她：“弯弯，今天天气这么好，陪妈妈去买菜，好不好？然后，我们再一起去吃芒果冰。”

“叫哥哥去吧，他最喜欢逛市场了。”

弯弯想不明白，哥哥怎么好像没有心肝似的，搬了家，就把过去的朋友都忘得一干二净了。

“你哥哥去参加热舞社的活动了，好像今天在活动中心有表演。我们一会儿也去欣赏欣赏，怎么样？听说他跳得不错！”妈妈继续努力说服弯弯。

弯弯还是不想动。

妈妈走了没多久，门铃响了。会是谁呢？弯弯不想站起来。可是，门铃再度响起，她只好去开门。

门口站了三个人，两个女生一个男生，弯弯感觉有点儿面熟，却想不起来是谁。

他们做了自我介绍后，弯弯才想起来，原来是她现在班上的新同学。

欣宜递了一个小纸袋给弯弯：“这是我们送你的礼物，希望你会喜欢。”

弯弯打开纸袋一看，里面竟然是她最喜欢的布偶娃娃，很久以前她就想拥有了。

班长筱安说：“咱们班最近要排演一出话剧，参加全校比赛。听说你很会写剧本，所以想请你帮忙。”

文艺委员德基在一旁补充说明道:“我们想演一个被魔王囚禁在高塔里的公主的故事。她天天等待王子来救她，可是那些王子一个个都失败了。最后，她靠着自己的智慧，终于逃出了高塔。”

弯弯一听，眼睛都亮了，这个故事她好喜欢，所以毫不犹豫地点头答应了:“好，我可以帮忙写，要几天内交出剧本？”

他们七嘴八舌地讨论起构想、创意，越聊越兴奋，弯弯不由得忘记了悲伤。面对新学校的陌生人，她又勇敢地开始了一个人探索的旅程。

学会自己长大

xue hui zi ji zhang da

讨厌搬家的人，离开熟悉的环境、一起成长的朋友，会让他感觉很不习惯，甚至很痛苦。

喜欢搬家的人，觉得搬家会让他游走各方、熟悉不同的城市、结交各种朋友，所以每逢搬家总是开开心心的。

我们降生到这个世界，其实也像到地球作客的旅人。如果把地球当成我们的家，那么面对小小的搬迁，也就不会觉得大惊小怪了。

父母决定搬家，有时也是不得已。既然无法避免，那就让我们勇敢面对，在新的天地展开新生活吧！

大哥哥，你好帅！

班长筱安住在加拿大的奶奶过世了，她的爸爸妈妈赶去加拿大处理后事，她一个人在家觉得很无聊，就约了弯弯、欣宜、德基等几个同学到她家吃火锅。

这是弯弯第一次去筱安家。因为筱安的爸爸妈妈很喜欢旅行，所以筱安家客厅的柜子上面展示着许多来自世界各地的工艺品，好像一座小小的博物馆。墙壁上挂了许多油画，画上画着水果、花草、人物……都很生动，所以她家也像一间美术馆。

筱安指着几乎每幅都得过奖的那些画说：“这些都是我哥哥画的。很美，对不对？我很崇拜我哥哥呢！他又会读书，又会打球，又会画画，唱起歌来比周杰伦还棒。曾经有人找他当歌手，他却说他想当画家。怎么样，很有性格吧？”

说起哥哥簣安，筱安眼睛都在笑。欣宜很感兴趣地问：“你哥哥在不在家？我真想看看他是不是像你说的那么厉害。”

“他大概要晚一点儿才回来吧。他整天行踪飘忽的，就像一朵云！”筱安形容得也妙。

大家吃吃喝喝、聊天、看电视，时间很快就到晚上了。弯弯穿上外套，正要准备回家，簣安回来了。只见他穿着一件咖啡色麂皮夹克，头发垂到肩膀，皮肤是褐色的，眼睛很亮，仿佛从林里的一匹狼。

筱安帮大家介绍着，弯弯却看得呆了，下意识地冲口而出：“哇，你哥哥好酷！”大家都笑了。

走下楼后，欣宜也忍不住说：“筱安真是幸福，有个这么帅的哥哥！”

德基则笑她俩：“你们不要忘了，旁边还有我这个帅哥。我也不差啊，干吗一直赞美簣安？我抗议，我抗议！”

弯弯才不理会德基的抗议，很快就展开了行动。她从筱安那儿问出簣安还没有女朋友，也要到了他的联系方式，可就是不敢联系他。

坐在电脑前，弯弯不像以前那样喜欢上网聊天了，而是写起自己的心情日记来，日记中写满了相思。簣安的模样一天比一天鲜明，占满她的脑子。擦不掉，挤不出去，她该怎么办？怎么办？

难道……难道她恋爱了？太恐怖了，竟然会喜欢一个只见过一次面的男生？

为了治疗自己的相思病，弯弯找各种借口去筱安家，借书、请教作业、练习唱歌……到后来，几乎所有的借口都用过了。有时偶然碰到簧安，她却又一句话也说不出来，只知道望着他傻傻地笑，好像痴傻了似的。

晚上弯弯也很难入睡，只好向筱安要了一张簧安的照片，每天入睡前把照片放在枕边，这样她才能含笑安心入梦，因为她想这样也许就可以梦见簧安。

她吃不下饭，怕胖；喝不下汤，怕肿；读不下书，因为脑子里已经塞满了簧安。

再这样下去，弯弯觉得自己就像缺水的玫瑰一样，快要枯死了。即使洗澡时她拼命用水冲自己的身体，还是没用，整个人已经变得越来越干枯了。

弯弯不喜欢这样。她决定告诉簧安，自己要做他的女朋友。

鼓起了很大的勇气，弯弯到了筱安家。筱安很意外，说：

“弯弯，后天就要考试了，你不是来找我聊天的吧？那样，我要复习不完了。”

弯弯凄凉地一笑：“我不是来找你的。我找你哥哥，我要跟他告白。”

刚好簣安也在家，弯弯毫不犹豫地敲了他的房门。她要让恋情开花，否则她就准备考全班最后一名了。

簣安听完弯弯直截了当的告白，笑得好大声：“我很喜欢你这样坦白的女生，你也很可爱——我常常听我妹妹说起你。不过，我相信你数学学得很好，你可以把我们的年龄减一减，看看是不是相差太多岁了。”

“没关系，我一点儿都不嫌你老。”

“可是……”簣安摇摇头。他没想到弯弯会这么说，自己如果直接说不合适，弯弯一定听不进去。

想了想，簣安又说：“我是怕你太快做决定，以后会后悔。这样好了，我答应跟你做朋友，你平常可以跟我联系。不过我提醒你：现阶段还是要专心学习，相信以后你一定会遇到适合你的男孩子。”

哇，太棒了！弯弯没想到是这样的结果，簣安这么帅，又这么理智，有他做朋友，肯定会让别人羡慕死。这时的她就像那垂死的花朵突然复苏了一样，绽放出了娇艳的花瓣。这次考试，她一定可以拿下全班最高分！

学会自己长大

xue hui zi ji zhang da

我们喜欢一个人，有不同的原因，最容易被吸引的就是外貌。曾经，我很喜欢常到家里拜访的一位叔叔，他是船长，常常晒太阳，皮肤黝黑，我觉得他有点儿像电影《特洛伊：木马屠城》中的布拉德·皮特。

那时，只要他出现在我家，我就会躲在门后偷偷看他、听他说话。慢慢地，我长大了，认识的人也多了，才发现他并不适合自己，也发现自己其实并不是很了解他。

喜欢，是很短暂的；爱情，则需要慢慢地培养。年少时太冲动的喜欢其实只是一种暂时的迷恋罢了。

3

有呼吸的感觉
好幸福

尊重生命

哥哥想要买摩托

弯弯的哥哥陆平平今年读高二。他为了疏解压力，迷上了摩托，常常趁爸爸妈妈不在家，偷溜出去跟同学一起骑车。可是，因为他还没满十八岁，没资格考驾照，无法拥有自己的车子，所以只好跟同学借车子骑。

最近，他的同学全家要搬去上海了，陆平平眼看着没车可以骑，天天吵着要买摩托。爸爸不答应："你这样骑车太危险。万一出了车祸，自己受伤不要紧，如果连累别人，你还会被抓去关起来。"

"我会小心的。"陆平平保证只在半夜骑车，但爸爸仍坚持不做违法的事。

陆平平哪有这么容易放弃，他就学那些静坐抗议的人，说自己要绝食抗议，以为妈妈会因同情而支持他，结果没想到妈妈非但不支持他，还对他说：“我怎么可能眼睁睁地把儿子送入虎口呢？”

夸张的是，第二天早上，陆平平把一张新闻剪报放在餐桌上，故意让全家人看到。

新闻内容是说一个中学生因为想骑摩托而家人不给买，一气之下离家出走了。

可是，爸爸岂是被吓大的，根本不买账，一下子把剪报扔进垃圾桶不说，还警告陆平平：“满十八岁以前，不准再提买摩托的事。”

不久，到了爸爸的生日。

当全家等陆平平回家下馆子吃饭为爸爸庆生时，没想到陆平平突然失踪了。弯弯拨了几十通哥哥的手机，都没有打通，他的同学也都不知道他的去处。此后的两天里，家里人一直都联系不上他。

起初，爸爸一点儿也不在乎，还说：“现在的小孩太不像话了。想要什么就要给他买什么？这样下去，还不变得无法无天了！”

妈妈毕竟心软，想到如今到处都是诈骗集团，担心陆平平被人骗，每天晚上想起他都会掉眼泪。

“如果明天平平还是没回家，我就要去报警了。”妈妈哭着对爸爸说，“你不担心平平，我可受不了这样的煎熬。”

弯弯一边做作业，一边偷听爸爸妈妈谈话。她在心底祈祷哥哥平安。

更糟糕的事情发生了，妈妈因思念哥哥过度，病倒了。爸爸不得已，只好在哥哥最爱看的体育报纸登寻人启事。文案写得很简单：“平平，你妈妈思念成疾，卧病在床。赶快回家吧！一切面谈。”

弯弯以为爸爸让步了，问爸爸：“如果哥哥回来，你会满足他吗？”

爸爸摇摇头：“还是要照规矩来。”

“那哥哥回来后，会不会又出走呢？”

弯弯有个预感，哥哥最重视学习成绩，学校考试前他应该会回家。

果然被她料中了：考前的那天晚上，弯弯去巷口面包店买早餐，正巧碰到哥哥在附近徘徊。弯弯忙冲上前去，拼命抓住哥哥不放，怕他又一转身跑掉。

陆平平浑身又脏又臭，牛仔裤沾了很多油污，人也瘦了不少。弯弯拉着他往家里冲，路上兴奋得差点儿摔跤。

起初陆平平还挣扎，走进楼梯间，他才小声问弯弯："爸爸是不是很生气？"

"当然生气了！不过，有妈妈护着你，没关系的！他们一定会说'回家就好，回家就好'。"

果然，妈妈又哭又笑，一直问哥哥这几天去哪里了，有没有人欺负他。

爸爸在旁边说："你以后有的是时间问他，还是让他赶快去洗澡吧！你看他那样子，就像掉到了臭水沟里，也不知道几天没洗澡了。"

妈妈赶紧到厨房炒哥哥最爱吃的虾仁蛋炒饭，还煮了一锅玉米汤。

好香！弯弯都流口水了。

哥哥洗完澡出来，看到桌上香喷喷的饭菜，眼睛湿润了。

他哽咽着说："爸，我以后不会再吵着要买摩托了。这几天我在外面，吃了很多苦，还莫名其妙地被打过一顿。我想了很多……"

望着哥哥憔悴的面容，弯弯觉得自己可以平平安安地享受家的温暖，真是太幸福了。

学会自己长大

xue hui zi ji zhang da

世界上有好多东西都是我们喜欢的，我们不可能全部拥有。像我喜欢搜集猫头鹰饰品，越买越多，家里都快要堆不下了。后来我终于明白，喜欢，不一定要拥有。物质欲望好像填不满的洞，想买什么东西，还是要看家里的经济状况，以及是不是真的需要。如果同学有什么，你就也要什么，那可永远也没个完。

小飞狗飞走了

弯弯跟哥哥差了四岁，彼此之间有不浅的代沟。弯弯喜欢的明星，哥哥偏要说人家“营养不良，看起来很虚弱”；哥哥欣赏的明星，弯弯则觉得“简直是大地痞，竟还有脸耍帅”。为此两人经常吵闹不休。闹到后来，弯弯不想理哥哥了，哥哥也懒得跟她说话。

爸爸呢，工作很忙，常常加班，生怕如果自己拒绝加班，老板就会不聘用自己了。妈妈也不得闲，经常到处听演讲，还跑到大学蹭课，就怕自己落伍，被社会淘汰，却不担心跟自己的孩子有了距离。

经常跟寂寞做伴的弯弯，才不会被孤单打败！当她知道舅舅家的母狗皮皮生了三只小狗时，就跟爸爸妈妈商量：“我能不能养一只小狗？”

爸爸妈妈怕弯弯养不了几天就腻了，又把小狗丢给他们，所以不同意。弯弯极力争取：“喜欢半途而废的是哥哥，不是我。我知道你们每天都很忙，甚至没时间回家吃晚饭，所以我不会狠心地把小狗丢在一边不管，我会把它当妹妹一样细心照顾的。”

妈妈提了两个条件：“你要教它大小便，还要负责帮它洗澡，这样妈妈就答应你。”

自从弯弯养了这只叫“飞飞”的小狗之后，生活中便有了另一个重心。从那以后她很少抱怨爸爸妈妈不陪她，每天放学也不再在外逗留，而是尽快赶回家。

她回家第一件事就是把被关在阳台一天的飞飞放出来，带它到公园跑步。飞飞慢慢长大了，越来越讨人喜欢，经过的路人都夸赞它，总有人问弯弯：“好漂亮的小狗，它叫什么名字啊？”

弯弯觉得好神气，比别人夸赞她本人都高兴。现在她弄明白了，难怪每当有人称赞哥哥长得帅时，妈妈都会笑得合不拢嘴。

今天，弯弯语文考了全班最高分，破了自己的纪录。她非常兴奋，特意去肯德基买了一只炸鸡腿，跟飞飞分享。

飞飞似乎也被她的好心情感染了，在公园里欢快地不断绕圈子奔跑，就像是长出了翅膀。有一对在公园溜滑梯的母女，目不转睛地望着飞飞，不停鼓掌，帮它加油。于是飞飞跑得更加起劲了。

突然响起一串鞭炮声，胆小的飞飞吓得四处乱窜。弯弯不停地叫它，想要安抚它，可它似乎没有听到弯弯的叫声，只知道往家的方向冲。

飞飞跑得非常快，弯弯根本追不上。等她气喘吁吁地跑到马路边时，竟然发现飞飞静静地躺在路中央。难道它被车撞了？弯弯不由得一阵发冷。

弯弯尖声叫着飞飞的名字，它却一动也不动，不像平常那样立刻跳起来，冲进弯弯的怀里。弯弯连忙奔过去抱起飞飞，感到它的身体软塌塌的，像没有骨头。

飞飞死了！飞飞死了！

“这不是真的！”弯弯号啕大哭，抱着飞飞一直祈祷，期待奇迹出现：飞飞突然张开眼睛，告诉她这只是它跟她开的一个玩笑。

夕阳斜照下，弯弯坐在马路边，不住地埋怨自己，如果不带飞飞出来，飞飞也不会死。

后来，妈妈回到家没有见到弯弯，找了来。看到弯弯怀里的飞飞，妈妈明白了一切。母女俩抱在一起哭泣。

过了一会儿，妈妈拍拍弯弯的背，说："跟妈妈一起回家吧！我们应该把飞飞送去埋葬了。"

弯弯说什么也不肯。飞飞的身体已经冷了，可她还在等待奇迹："如果飞飞突然醒过来，发现自己被埋在泥土里，它会害怕的。"

整个晚上，弯弯不停地哭泣。妈妈找了许多冰块，把飞飞冰了起来。她听着弯弯诉说飞飞的种种：每晚它一定等到弯弯上床，才愿意进窝；如果弯弯早上赖床，它会跳到床上搔她的头发；弯弯忙着学习时，它就安静地偎在她脚边……

"为什么飞飞要离开我？它是不是讨厌我？"弯弯边哭边问妈妈。

"当然不是。想想看，外婆是不是很爱你？她前两年过世，不是她想要离开你，是因为她太老了，所以才到天堂去。而飞飞则死于开车的人不小心造成的意外，并不是它想要离开你。

有的时候，我们必须面对一些人或动物的离去。虽然无力挽回，但是至少彼此曾经拥有一段美丽的时光。就像有一天，妈妈、爸爸也会离开你一样。我想，飞飞一定很高兴拥有你这样的朋友，因为你曾经带给它很多欢笑。”

弯弯似乎懂了，她擦干眼泪，决定第二天早上把飞飞送去动物医院，请医生处理。然后，她要写一篇文章纪念飞飞，让飞飞永远活在她的心里。

学会自己长大

xue hui zi ji zhang da

猫啊，狗啊，鸟啊，乌龟啊，可能不少人都养过。我陆续养过许多动物，但我最喜欢的还是狗。它们就像我的朋友，那么忠心，那么贴心，陪伴我度过孤单的时光。但是，时候到了，它们还是会离开我。它们走了后，我会继续爱其他动物，这样，就好像它们还活着。

寒夜怪客

弯弯的记性很好，搬到新社区后，没过多久，附近的邻居就大都认识了。谁家搬走了，谁家生了小孩，谁家移民了，她比居委会大妈和片儿警都清楚。因此，只要社区来了陌生人，就会立刻引起她的高度注意。

秋去冬来，开始有点儿凉意的时候，弯弯发现有个流浪汉经常在小区附近徘徊。他的脸黑黑的脏脏的，头发一撮撮地挂在脸上，让人看不清楚五官。由于身上的衣服破烂不堪，他看上去好像只用几片布披挂在身上的古罗马人。他把两条腿光溜溜地露在外面，穿着一双露出小半个脚丫子的开口皮鞋，边走边哼唱着奇怪的歌。

每个人经过他身边时，都会忍不住掩住鼻子，因为他就像盛夏时堆在路边的垃圾，实在太臭太臭了。

更夸张的是，还有一只像他一样脏、一样臭的流浪狗跟在他旁边。它边走边摇晃身体边抓痒，身上的毛东掉一撮，西掉一撮，似乎得了很严重的皮肤病。

远远看到这对“流浪怪客”，大家马上绕道而行。甚至有人找来居委会主任，希望能把他们赶走，免得污染社区的环境、破坏社区的名声。

可是，居委会主任根本无法跟流浪汉沟通。那只狗也很厉害，只要它以为有人要对流浪汉不利，就会对着那人不停狂吠，没有人能够接近一步。

他们平常靠着附近饭店施舍的剩菜剩饭过日子，能勉强填饱肚子。看样子，他们大概要赖在这儿不走了。

虽然弯弯平常洗澡都要妈妈三催四请，可是她也不会把自己弄到这么邋遢，惹人嫌。

为什么怪叔叔不爱洗澡呢？是不是他受不了他妈妈天天要他洗澡才离家出走的？还是，他喜欢流浪，所以离家出走？

弯弯以前心情不好的时候，也曾经幻想去流浪，觉得那样很酷很自由。可如今看到怪叔叔这副模样，她真是庆幸自己当初没有那么冲动。万一想回家，又不好意思低头，岂不是要在外面活活冻死了？

冬天来了，接二连三的寒流把大家都冻得躲在家里能不出门就不出门了。流浪汉和他的狗缩在骑楼下，靠着一个大纸箱，用一个黑色的大塑料袋遮风避寒。没有人关心他们的死活。

弯弯曾经看过一部电影——《让爱传出去》，电影里有个有爱心的男孩，他曾经把一个流浪汉请到家里洗澡。弯弯左思右想，觉得她实在做不到：一来担心怪叔叔会有传染病，二来自己要是这样做爸爸妈妈一定会抓狂。

可是，弯弯相信，再这样继续下去，怪叔叔一定会像卖火柴的小女孩一样冻死在街头。那她以后一定不敢经过那个骑楼，社区的小孩也多半会吓得半夜做噩梦。她不能让这样的事情发生。

当气象局预报又有一个超级大寒流来袭时，弯弯决定不顾怪叔叔臭味扑鼻，去帮帮他。她拿了爸爸的长裤、外套，自己心爱的印有卡通图案的睡袋，又买了热玉米汤、热包子、烤鸡腿等食物，去看怪叔叔。

怪叔叔抖得好厉害，那只癞痢狗大概嗅出弯弯没有恶意，只是呜呜两声，就趴了下去。

“小妹妹……你要做什么？快回家去吧……外面好冷。”怪叔叔断断续续地说。

“你好。我就住在后面。我看你这样下去不是办法，可是我又不能请你去我家住，所以就带了一些御寒的东西给你,希望可以带给你一点儿温暖。”弯弯觉得自己好像在参加演讲比赛，说了一大堆话。

弯弯递过一盒湿纸巾，怪叔叔几乎用完一整盒才把脸、手还有脚都擦干净了。她有点儿惊讶地说道：“怪叔叔，你年轻的时候，一定长得很帅！”

怪叔叔笑了，张开缺了牙的嘴巴得意地说：“你一定不相信，我以前演过电视剧呢，有人说我很像秦汉。”

秦汉？弯弯没听过这个名字，也许是爸爸妈妈那个时代的明星吧！不管怎么说，怪叔叔也有过风光的时刻。“怪叔叔，那你能不能把你的故事说给我听听？”

“让我先填饱肚子，再慢慢说给你听吧！”怪叔叔大口咬着包子，他的怪狗兴奋地啃着鸡骨头。看来他们很久没有享受过这样的美食了。

寒风一阵又一阵地从他们身旁吹过，可是弯弯却一点儿也不觉得寒冷。

学会自己长大

xue hui zi ji zhang da

经过地下过街通道的时候，我常常会看到一些流浪的人，有男有女，大多数年纪都很大。他们没有家吗？我常常会这么想。

也许是病了，也许是没有家人照顾他们，所以他们在外流浪。我们虽然不认识他们，但是可以付出爱心。锦上添花，别人未必会感激你；雪中送炭，才会让别人觉得真正温暖。

奶奶打呼噜好大声

自从爷爷回老家探亲之后，身体欠佳的奶奶就在叔叔伯伯家里轮流住。弯弯羡慕地跟奶奶说："奶奶，我好羡慕你，可以常常换地方住，好像出去旅游住旅馆一样。"

"如果让我选择，我宁愿住在自己家里，房子小一点儿也没有关系，搬家可一点儿也不好玩。"奶奶说完，叹了一口气。

弯弯想，老人家跟小孩的想法就像彼此的年龄一样，是有差距的。

没想到，爸爸也觉得奶奶这样搬来搬去很辛苦，打算让奶奶一直住在自己家，直到爷爷回来为止。

可是，弯弯家没有多余的房间。爸爸就跟弯弯商量："弯弯，你从小跟你奶奶最亲近，让你奶奶住你的房间好不好？"

"为什么不住哥哥的房间？他的房间比较大，又有电视可以看。”

弯弯想到和奶奶一起住会失去自由和隐私，不怎么情愿。

“你哥哥是男生，而且他的房间又脏又乱，怎么好意思让你奶奶住呢？你奶奶年纪大了，你把床让给她睡，你在地上打地铺吧！”

爸爸就这么决定了，根本不给弯弯反对的机会。

弯弯虽然平常很喜欢听奶奶讲故事，却看不惯奶奶把假牙到处乱放。她觉得奶奶那样做好不卫生啊！

而且，奶奶年纪大了，膀胱有点儿无力，每天晚上都要起床上厕所好几次，每次都会把弯弯吵醒，结果，弯弯一个晚上的睡眠被切割成好几块，白天上课都没精神了。

这些弯弯都还可以忍受，而且奶奶后来也答应夜里起床时尽量放轻手脚。

可是，奶奶的呼噜声实在让弯弯受不了。晚上她写完作业，已经累得不得了，好不容易要睡着，有时却被奶奶像警笛般的呼噜声吓得跳起来。“失火了吗？快打 119！”头晕目眩的她还以为家里发生火灾了。

弯弯跟妈妈诉苦：“我快疯了！奶奶简直就像消防队。”

妈妈安慰她说："你爸爸也打呼噜。刚结婚时我也很受不了，现在习惯了，听不到他打呼噜我还睡不着呢！大概这是遗传吧！你推推你奶奶，让她不要平躺着睡，改成侧卧睡，呼噜声应该就会停止了。"

弯弯如法炮制，效果却很有限。

她先把奶奶推成朝左，隔不了多久，奶奶又继续打起呼噜来，像海浪不停翻滚一样。她再把奶奶推成朝右，奶奶的呼噜声又变成了汽车引擎似的，吵得她的头顿时大了几倍。

再这样下去，弯弯觉得自己一定会抓狂，就跟妈妈抗议，要请奶奶睡到客厅去。她说："不然，我考试考不好，你不能骂我。或者，我干脆搬去叔叔家住。婶婶没有女儿，我问过她，她说很欢迎我去她家住呢！"

奶奶从房间里走出来，搓着手说："弯弯说得对。她每天要做作业，要读书，我却吵得她没办法学习和睡觉，心里很过意不去。我看，我还是搬走吧！"说完，奶奶就回房去收拾行李了。

妈妈把弯弯叫到身边，让她坐下，柔声说："妈妈知道，要你忍受呼噜声不容易。但是，如果你心中有爱，换个方式来看待，就不会对你奶奶的呼噜声这么敏感、这么反感了。你知道吗？你小的时候，曾在奶奶家住了好几年。那时你的身体不好，很容易感冒，每次感冒，支气管就会发炎，还会发高烧。你奶奶经常不眠不休地照顾你。有一次你喘得很厉害，你奶奶担心你呼吸困难，就抱着你过了一夜。结果你病好了，你奶奶却累得病倒了。你奶奶为你做了这么多，你却连她的呼噜声都不能忍耐一下吗？”

弯弯惭愧地低下了头。之前她都不知道这些故事。为了留住准备搬走的奶奶，她只好硬着头皮去跟奶奶道歉。

奶奶摸摸她的头，难为情地说：“你每天要一早起来去上学，我打呼噜会吵得你睡不好觉。可是我又不能装消音器，怎么办呢？”

在弯弯的坚持下，奶奶还是留下来了。而且，她们还约了晚上一起去买面包，顺便到小公园散步，并说说弯弯小时候的糗事。说也奇怪，弯弯跟奶奶越亲近，就越不在乎奶奶的呼噜声，还觉得那是很美妙的交响乐呢！

学会自己长大

xue hui zi ji zhang da

我的外婆很疼我，对我关爱得无微不至。她甚至每年都会悄悄给我两份压岁钱，这成为我跟她之间的秘密。

可是，我上班以后，变得很忙很忙，每次她来找我，希望我陪她聊聊天，或是去外面走走，我都说等我以后有空再说……

后来，外婆病了，很快就离开了我。望着窗外行道树的叶子落了一地，我的眼泪流了下来——我为自己再也没有机会陪伴外婆了而感到遗憾。

所以，趁着外公、外婆、爷爷、奶奶还健在，多陪陪他们，多关心关心他们吧！

我要变成头号大美女

早上起床照镜子时，弯弯发现鼻翼旁边冒出了一颗青春痘，心情立刻像掉进黑芝麻糊里——黑压压一片，觉得自己变得好丑好丑。她想，等一下去学校，不管是遇到陌生人还是同学，大家一定都会像见了怪物似的盯着自己看。

去学校的途中，弯弯一路上遮遮掩掩的，就怕有人问她有关这颗青春痘的事。

她竭力掩饰住慌张走进了教室，还好，班上的同学正忙着七嘴八舌地讨论美术老师要他们每人带一面小镜子到底要做什么。有的在猜测老师的用意；有的则懊恼自己忘记带了，忙着打电话跟家里求救。

谜底揭晓，原来老师是要他们对着镜子画自画像。

“你们平常一定很少仔细观察自己的五官。你们有没有想过，为什么全世界没有任何两个人的脸是完全一样的？即使是同卵双胞胎，也还是会有差异。当你们画自己的时候，老师希望你们以欣赏的心态来重新认识自己。”

弯弯暂时忘了青春痘，凝神看着镜中的自己。

鼻子高高翘翘的，显得很顽皮；眉毛好像沙漠里缺水的草，太稀疏了；眼睛则像初一的月亮，仿佛还没睡醒呢；嘴巴稍微厚了一点儿，难怪自己这么好吃；还有下巴，不够尖……她越画越对自己不满意。

偏偏坐她左边的志玮过来凑热闹，伸长脖子说：“陆弯弯，你忘了画你脸上的青春痘了！”

“它又不是天天长在我的脸上，我干吗要画？那你怎么不画你的大钢牙呢？”

弯弯好不容易好转的心情又降到了冰点。都怪爸爸妈妈，把优点都给了哥哥。哥哥长得又高又帅，很多女生都喜欢他，弄得弯弯接电话时常会听到嗲声嗲气的声音——“我要找陆平平”。好恶心啊！弯弯这样想着，突然觉得自己好可怜：长了青春痘，还要被人嘲笑。

垂头丧气地回到家，直到晚餐时间，弯弯都没有食欲。妈妈紧张地问她原因，她直截了当地说：“我要去整容！”

妈妈摸摸弯弯的额头：“你没有发烧啊，怎么突然说起胡话了？”

“下个月就是我的生日，你就当提前送我生日礼物好了。我要把嘴巴变小、下巴变尖、眉毛变浓。”

妈妈知道这时候不适合浇弯弯冷水，就花了点儿时间上网找了很多明星照片，一一打印出来，摊在弯弯面前，问她：“你觉得谁最漂亮？你想整成谁的样子？想好了，妈妈就带你去。”

这下可难倒弯弯了。

整个晚上，她都在翻看这些明星照片。平常看她们在电视上又唱又跳，每个人都比自己美一百倍一千倍。现在仔细看了，才发现：有的鼻子高挺，嘴巴却太大；有的眉毛漂亮，脸颊却太宽；有的嘴唇性感，眼睛却没神采……原来每个人都有缺点。

妈妈在客厅里有意无意地跟爸爸说：“以前住我们隔壁的那个模特儿艾咪，你还记得吧？又拍内衣广告又拍沐浴露广告的，赚了不少钱。后来，她嫌自己不够漂亮，去做了全身美容。没想到，皮肤发生了病变，整个人浮肿得像泡了水的橘子。我在百货商场碰到她，几乎认不出来……唉！”

弯弯听了，也在房间里点头。她联想到了巷子口卖米粉汤的李妈妈。李妈妈一年前为弄掉脸上的黑斑而去做了“脉冲光”，结果不但黑斑没有消失，脸颊还黑了一大块，怎么抹粉都遮不住，就干脆躲起来不见人了。

晚上睡觉时，弯弯做了一个噩梦，梦见自己的脸不见了，她四处找脸，可是看到的都是别人的脸……她被吓得坐了起来，冲到梳妆台前，照着镜子，摸摸自己的脸，捏了两下，感到痛，这才舒了一口气:“还好，我的脸还在！”

她决定早上起床后就跟妈妈说，暂时还是先把自己的脸“留校察看”。

学会自己长大

xue hui zi ji zhang da

上小学时，男生就笑我屁股大。我每次走出教室，他们都在我后面说："哈哈！头出去了，屁股还留在教室里。"所以，我一直不敢穿长裤，怕别人一眼看到我的大屁股。

过了很多年，我发现大屁股也有优点，例如摔跤时屁股不会痛，坐在椅子上很稳，玩撞人游戏时屁股很有力……所以，我开始鼓足勇气穿长裤，再也不怕别人笑话我了。

谁的星座最棒？

每逢考完试，大多数同学的爸爸妈妈都会体谅大家读书辛苦，让他们周末不用上辅导班，也不必做家务，只是开开心心地玩。更何况这是本学期的最后一次考试！

考试前，弯弯和几个同学已经就“考完之后去玩什么”讨论了好几天。听演唱会，看球赛，看电影，郊游……每个人都有不同意见，也都希望别人认同自己。最后，大家好不容易取得共识：先看电影，再一起吃比萨，然后去唱歌。

结果，他们又为了看什么电影吵成一团。眼看大家僵持不下，班长发话了：“大家要是继续这样吵，都没有心情复习了。你们到底还要不要考试啊？万一考砸了，大家也不必玩了。”

于是，不喜欢看战争片的弯弯，只好投下同意票：“我们就去看《中途岛海战》吧！”

可是，考完试，大家讨论第二天集合的时间、地点时，弯弯又改主意了："我不想看《中途岛海战》，我想看那部音乐片，演钢琴家的故事，会比较放松。"

小威最讨厌别人出尔反尔，就说弯弯："你每次都喜欢这样改来改去！难怪嘛，双子座的，双重性格。"

静婷立刻坏坏地附和道："是啊！她最善变了。"

弯弯听了，脸气得变成了铁板烧，忍不住脱口而出："你天蝎座才最恶毒了，就爱说别人的坏话。"

静婷结结巴巴地说："你不要乱说！"

"喂！你们两个女生别吵了，好不好？"小威喊。

"小威，这还不都是因为你说我双子座的坏话才发生的？这跟星座有什么关系？全世界有那么多人属于双子座，难道都是一样的个性吗？我本来就不喜欢战争片，血腥又暴力。昨天回家想了以后，我觉得不应该违背自己的心，所以才提议更改的。你不想改就算了，那我就不去看了。"

弯弯背起书包，眼里涌出委屈的泪水。她拼命压抑住，低着头匆匆走出了教室。本来大家开开心心的要去看电影，这下子，全泡汤了。

曾经发短信给弯弯约她一起逛街的亚翔追了过来："陆弯弯，我跟你去看音乐片。"

"不去。"弯弯摇头，她已经没有看电影的心情了。

回到家，弯弯还是觉得很难受。妈妈发现她很反常，不像平常考完试那么聒噪，就问："弯弯，怎么了？考试没考好啊？还是谁那么大胆，欺负你啦？"

弯弯本来不想说，可是憋在心里更难受。她想，也许妈妈会帮自己出主意，而且作为旁观者，妈妈也会看得比较清楚，于是就说了出来。

果然，妈妈说了公道话："你改变主意，当然不对；可是，没有出发前，你还是有权改变心意的。只是当同学批评你的星座时，你不应该骂回去。你们发生了口舌之争，就更不可能达成共识了。不过，妈妈也觉得用星座来看人太迷信了。这一点，妈妈支持你。"

可是，弯弯以后要怎么面对小威？

其实弯弯也很矛盾：读小学五年级时她就跟小威同班，后来升到同一所初中，刚好又是同班同学，说起来很有缘分。弯弯很欣赏小威，可他俩偏偏经常吵来吵去。

写完作业，又洗了澡，坐在电脑桌前，弯弯决定还是上网找人吐苦水，看看网友们站在哪一边。

这时，弯弯的手机响了，屏幕上显示的竟是小威的名字。他骂得不过瘾，还要继续骂吗？她，要不要接呢？

考虑了不到两秒，弯弯按下接听键，很快地说：“我说了不看电影，就是不看电影。”

小威咽了一口口水：“你不用紧张，现在大家都不去看电影了，也不去吃饭，也不去唱歌，你满意了吧？”

怎么会这样呢？弯弯没有幸灾乐祸，反而觉得难过，好像自己就是罪魁祸首：“那怎么办？要不我去跟大家说？”

“不用了。其实，我也不太想去了。你不去，多没意思。”

啊？弯弯是不是听错了？“别开玩笑了，你明明讨厌我！”

“你不相信？你以为我天天跟你斗嘴，就是讨厌你？才不是呢！今天我不该说错话，明天我请你去看你说的音乐片，算我跟你道歉，好不好？”

弯弯忍不住又问了一句：“你不是说我是双子座，说话最不算话吗？”

“我……我只是怕你不去看电影，才那样说的……其实我也不喜欢人家用星座来评判我。以后我们都不谈星座了，伤感情。喂，你到底要不要我请你去看电影？”

弯弯卖了一个关子：“等明天电影开演前，你就知道我是不是会出现了。拜拜，我要睡觉了。”

弯弯知道，今天晚上自己一定会睡得又香又甜。

学会自己长大

xue hui zi ji zhang da

好多人喜欢用星座来了解一个人：天秤座的人爱好和平，双子座的人有艺术天分，巨蟹座的人很有母爱……是这样吗？世界上的人真的只能按十二星座分成十二种吗？

我的脾气很坏，常跟人吵架，不会怪我的星座；我谈恋爱常常失恋，也不会说都是星座惹的祸。我努力修正自己，于是优点越来越多，别人猜我的星座，常常猜不准。

要知道，任何一个星座都不能代表你这个独一无二的人！

资深“阳光少年”

暑假开始前，妈妈就问弯弯今年想要过一个什么样的暑假。

弯弯想了好久，才跟妈妈说：“我想去美国游学。班上好几个同学都参加了游学团。我可以利用这个机会学英文，将来当个翻译家。”

妈妈毫不考虑就说：“爸爸妈妈没有多余的钱。你去游学，全家要两个月不吃不喝才能办到。以后再说吧！”

虽然是这样的答案，弯弯却并不难过，她觉得自己已经很幸福了。班上的同学，一半要去参加暑期辅导班，另有一些被迫学电脑、奥数等枯燥乏味的东西，好可怜啊！与他们相比，她至少可以自己选择。

刚好表哥从巴黎回来，送给她几本画册。她记起上次美术课画的自画像受到了老师夸奖，老师还说希望她有机会继续学画，于是就兴奋地跟妈妈说："我想尝尝当画家的滋味。"

妈妈立刻点了头，从那以后就帮她到处打听哪一个美术老师最不会抹杀孩子的创意。

第一次去上课，弯弯好奇地走进教室，只见偌大的空间没有什么家具，同学的座位四处散落着，没有一点儿秩序可言。老师头上绑了条彩色头巾，跟海盗似的。他让她随便找个地方坐。她架好画架，固定妥画纸后，老师帮她拿了一盒粉彩笔，指指桌上东一堆、西一落的水果："你想怎么画就怎么画吧！"

弯弯看了看，有苹果、柳橙、柠檬、葡萄、香蕉、芒果……都是新鲜水果，颜色非常鲜艳，仿佛刚从树上摘下来，闪着亮光。

可是，奇怪的是，旁边还放了一些又皱又干的水果。是不是老师买了太多水果，吃不完，坏掉了，干脆用来当素材？她几乎可以嗅到酸酸臭臭的腐败味道。它们的模样太丑了，有点儿像《绝地武士》里老老的尤达。不，不，人家尤达的功夫那么好，这些水果却已经没有任何用处了。

弯弯皱着眉头，始终没有拿起画笔。老师大概看出了她心中的疑惑，走过来说："你先仔细观察这几堆水果有什么不同。

然后可以选择只画新鲜的，或者只画干干瘪瘪的，当然也可以每种画几个。”

弯弯本来选了新鲜的芒果、柠檬和苹果，可是画到后来忍不住加了一两个干皱的柳橙。老师点点头：“这样的感觉好多了，就像每个人的家里，有小孩也有老人家。”

接下来的一个月，弯弯画了干瘪的水果、残破的椅子、洗得发白的衣服……学会了用粉彩、水彩、水墨、油画颜料等作画。暑假美术班结束前两周，老师宣布最后两堂课要画人像，而且是活生生的人。画完以后，他要为大家开一个小型画展。

弯弯平常很喜欢画娃娃，可是一点儿也不喜欢画男生，万一老师要她画男生怎么办？如果她这么问老师，老师一定会说：“画不像也没关系，又不是做数学题，要对标准答案。”

好不容易等到画人像的日子，坐在大家前面的模特儿是祖孙俩——穿着橘色运动上衣、蓝色短裤的十四岁男孩小海和又瘦又矮的孙爷爷。孙爷爷的皮肤是深褐色的，好像曾经跳进过巧克力酱中。他身上穿着旧旧的背心，背心已经破了两三个小洞，短裤也褪了颜色，大概是他孙子不要了，他捡来穿的。

老师让大家自己决定画谁。他只是提醒道：“你们可以比较他们的不同。小海的皮肤是不是比较光亮、有弹性？他的眼睛是不是比较大？还有他的手、他的脚……”

对弯弯来说，两个模特儿都是男生，都是她最怕画的对象，她要怎么开始呢？长得很可爱的小海又爱笑，又好动，同学们都挤到他旁边去，拿他当模特儿。被冷落的孙爷爷静静地坐在那儿，仿佛沉浸在过去久远的回忆里。

不喜欢凑热闹的弯弯，眼神停留在孙爷爷身上好一会儿，心中好奇他皮肤的颜色是不是跟他以前从事的职业有关系。一问之下，才知道果然如此：孙爷爷是一位曾到过不少海域捕鱼的资深渔夫！

“如果不是因为我去年生了病，小海的爸爸非让我在家休息，我现在还可以出海呢！”已经快七十岁的孙爷爷说。

接下去，孙爷爷说了更多令弯弯惊奇的事：“我年轻的时候，不喜欢读书，小学毕业后就跟着邻居叔叔上船干活了。刚开始我不是胡闹，就是抓海鸥玩，天天只会在船上闯祸。可是，那位叔叔很有耐心地教我，把我教成了捕鱼好手。我曾经一个人拉起重达一百斤的大鱼，也跟鲨鱼搏斗过，你看，我手臂上还留有鲨鱼的齿痕……”他举起自己的手臂给弯弯看。

不管是在巨浪中翻腾，还是在暴雨中挣扎，孙爷爷都勇敢地闯了过来，他那深褐色的皮肤似乎写着他历次出海的辉煌纪录。

弯弯远离人群，不去描绘可爱的爱笑男孩，而是仔细地观察起眼前这位资深的“阳光少年”来：他缩了将近十厘米的身高，他灰白的头发，他指甲缝儿里的油渍，他下垂的眼皮，他嘴唇旁边像太阳光芒的纹路……她一支支地挑选出适合的油彩，站在画布前，举起手中的画笔，开始努力描绘一个曾经在阳光下活跃的老渔夫。

学会自己长大

xue hui zi ji zhang da

你是不是以为，老人就像报废的机器，没有用了？

其实，每个人都年轻过，都有一段精彩的故事。如果你愿意，可以随便找几位老人家聊聊。你将会发现，他们就像一座座宝藏，拥有取之不尽的“珍宝”。而能从这些宝藏中收获多少，就要看你懂不懂得挖掘了。

4

今天一二三
明天五六七

创意/生活

危急的时候变聪明

每次到了台风季节，大家都很担心雨水太多会遭水灾。尤其是这几年，乱盖房子、乱挖山的人很多，再加上下水道常常堵塞，大雨一来，大家真是苦不堪言。

可是弯弯觉得，这些还可以预防，如果像他们家这样住在山边才最危险：平常觉得一片绿意，还可以呼吸新鲜空气，可万一遇到泥石流，说不定半夜三更正在睡觉就会被土石压死，埋掉一条小命。

上学的路上，想到气象预报即将有一个超级台风袭来，弯弯就忧心忡忡。佳琪却兴高采烈地说：“太好了，如果台风来了，就不用上课了。天天考试，我真受不了，这下子，我可以看好几部电影，读好几本故事书了！”

“你怎么那么没有爱心？如果台风来了，你可能看完电影就发现你家不见了。你不知道咱们社区后面的那堵墙已经有裂痕了吗？”弯弯气得责备佳琪。

“怪不得你听到要停课，一点儿也不高兴。你是不是担心泥石流啊？为什么现在那么多泥石流呢？”

“我爸爸说是因为附近山上种了太多槟榔树，也有人说是因为高尔夫球场建得太多，还有人说是因为几年前发生的地震造成了地壳变动……”

“那怎么办？如果真的有泥石流，大多都在半夜发生，就像我家小狗生小宝宝一样。好恐怖，我要打电话跟我妈妈说，准备晚上躲到舅舅家去。”佳琪跟弯弯挥了挥手，就匆匆跑了，好像泥石流的脚步已经近了似的。

弯弯的忧心竟然在班上蔓延开来，大家都围在一起，七嘴八舌地讨论怎样才能避开泥石流。

欣宜说：“我看过新闻报道，泥石流发生时，有人把它当成一般的水灾，还想抢救家里值钱的东西，没想到一眨眼就被冲走了，连喊救命的机会都没有。而那些发现情况不对，立刻逃出家门的，虽然房子倒了、家具毁了，可是却保住了性命。可见，躲避泥石流要当机立断才行。”

说话喜欢拐弯抹角的德基说：“我们平常也会遇到跟泥石流差不多的意外，例如，我们过马路时突然冲过来一辆车子，或是有个疯子拿着菜刀冲进了校园……大家先想一想，我们要怎么对付突来的危机，才可以保住生命？”

“当然是反应一定要快。就像火灾发生时，先打 119，如果以为自己可以把火灭掉，说不定就会被烧死了。”筱安积极回应。

“可是，万一消防车还没有来，火势就变大了，怎么办？”紧张大师浩恩紧张兮兮地问。

平常处理事情最冷静的毅然说：“那就要懂得就地取材。我记得有一则新闻说，加拿大有三个不到十岁的小孩，在家门前野餐时，突然发现四楼窗口有个小孩快要掉下来了，他们忙一面叫人上楼通知小孩的爸爸妈妈，一面把野餐布打开来牵住，准备接住小孩，四楼的小孩最后虽然还是掉下来了，却仅仅只受了轻微的擦伤。”

也就是说，当面对突来的危机时，手边有什么东西可以用的，就要顺手拿来用。比如如果遇到泥石流，就要尽快找棍子什么的，用它打破窗子逃出来。

弯弯忍不住说：“我们平常应该多观察大人的一举一动，例如爸爸妈妈开车的方法。有报道说，土耳其有一位公共汽车司机突然心脏病发，车子眼看就要掉落山沟，坐在旁边的乘务员小姐虽然不会开车，却常常看司机开车，这时忙冲过去抓住方向盘，同时把司机踩在油门上的脚挪开，救了自己，也救了全车的人。如果咱们都像这位乘务员小姐那样，万一泥石流来了，大家说不定也可以化险为夷，加入救人的行列呢！”

大家越说越起劲。有的说回家要注意学爸爸妈妈做饭，以后即使爸爸妈妈不在家，也可以自己炒饭或煮面；有的说要学习怎么用大楼内墙上挂的灭火器，免得火灾发生时束手无策；有的说回家后要检查家里的铁窗，看看安全门的钥匙放在哪里……

弯弯则悄悄决定赶紧学游泳，万一发洪水，不但可以救自己，还可以救别人。就像电影《一路上有你》里面演的，那个样样比不上同学的小孩，却在危急时刻靠着他唯一的技能——会游泳，救了全游览车的小朋友。

以后，妈妈如果再要弯弯去做一些她没做过的事情，她绝对不会放弃学习的机会了。

学会自己长大

xue hui zi ji zhang da

生活中充满了危机：台风、地震、火灾、车祸、疾病……想要平平安安度过这一生，真的是很不容易。

那怎么办呢？坐着哭，坐着生气，坐着骂人，坐着等别人来救？想要为自己寻找出路，就得勇敢面对危机。每经过一次危机，我们的应变能力也会得到提高，就像每生一次病，我们就会更加清楚该怎么照顾自己一样。

快乐的鱼儿水中游

天气逐渐变得炎热了。放暑假了，弯弯只想吃冰激凌、吹空调、看漫画。可是，妈妈却不放过她，郑重地跟她说："弯弯，你自己说的这个暑假要学会游泳。所以，妈妈已经替你报名参加游泳训练班了，以后你要早起去上游泳课。"

"我不要学游泳！"弯弯想到那么早就要起床，立刻喊了起来。

妈妈不是轻易放弃的人，她努力说服弯弯："你爸爸、你哥哥，还有我，都会游泳，咱们家只剩你不会游了。以后万一遇上泥石流或是水灾，我们都可以靠游泳逃命，你怎么办？还有，你生活在四面环海的地方，却不会游泳，说出去不是很丢脸吗？"

弯弯说不过妈妈，只好勉强答应。

于是，要上游泳课的早晨就变成了弯弯的痛苦时刻：起床，要挣扎；学游泳，也要挣扎。

幸好，妈妈没有给弯弯压力，并不规定她几天之内要学会。她也没有给自己压力，就权当去玩水，以及认识认识新朋友。

可是，一起学游泳的其他伙伴就没她这么幸运了。

有的呛到水，一直咳，一直咳，以致早餐都吐了出来。而他妈妈非但不安慰，还气得大声骂他："早就叫你不要吃早餐你偏要吃，你给我把蛋饼、米浆吞回去！"

啊？那多恶心啊！

有的死都不敢潜水，哭着说自己会被淹死，会被水怪抓走，死命抓着游泳池边不敢放手 。

有的坐在岸边，无论他妈妈怎么好言相劝，就是不肯下水，说什么"游泳池好脏，有人在里面尿尿"。

教练对他拍胸脯保证："我们这家游泳池最卫生了。你放心，不会有人这么做的。"

这个学生却说："我表哥也常到这里游泳，他说他就常常在游泳池里尿尿。"

教练哭笑不得，只好说："游泳不能勉强，你先在一边观

摩。我们大家要开始练习了！”

本来弯弯一个人在旁边玩得很开心，被他们这么一说，也觉得怪怪的。她学水母漂，憋气憋不住，站也站不稳，结果喝了一大口水。她怕别人笑她，便假装并没有呛到，但终于还是忍不住咳个不停。

弯弯偷偷瞄了妈妈一眼，还好妈妈正在跟别人聊天，没有看到，不然她又要摇头了。她那套说辞，弯弯听得耳朵都磨出茧来了:“弯弯啊！你怎么都没得到爸爸妈妈的遗传？爸爸妈妈当初上大学时可都是学校游泳队的啊。”

这时，弯弯注意到游泳池里有几个外国小朋友。他们个子比弯弯矮，根本踩不到游泳池的底，却一点儿也不怕水，在水里游来游去的，玩得很开心。弯弯忍不住上前问他们是跟哪个老师学会游泳的。

“我没有跟老师学啊！我很小的时候，爸爸就把我丢在水里，我划啊划的就会了。”

听起来好像很简单，弯弯想了想，觉得他们大概是因为都不紧张也不害怕，所以在很轻松的状态下就学会了游泳。

于是，弯弯用耳朵听着教练讲解，眼睛却偷偷看着那几个外国小朋友是怎么游的，没想到竟然一下子就在水面上浮了起来——原来真的并不像她所想的那么难。

弯弯开始喜欢上了水，她想，下回大概不用妈妈叫她起床，她也会想起该到游泳池来了。

学会自己长大

xue hui zi ji zhang da

有些人不敢吃没吃过的食物，不敢去没去过的地方。可是仔细想想，从出生到现在，我们做的事、吃的食物、走的路等，常常都是新的。只有生活中充满挑战，才能激励我们发挥潜能。

我如果不是年轻时鼓足勇气外出自助旅行，就不会学会开车，也不知道自己拍照的技术还不错，更不会发现自己还很会认路呢！

人生，其实就是在不断尝试中变得五彩缤纷的。

星期一真是个讨厌鬼

如果要票选一周之内最受欢迎的日子，弯弯觉得一定是星期五获得最高票，因为到了那天傍晚大家就放假了，可以跟同学或朋友逛街、唱歌、看电影，还可以回家看电视或是玩电脑……反正除了玩还是玩。

最令人讨厌的就是星期一了！它就像堆积如山的垃圾，又臭又丑，没有人想要靠近它。

尤其是刚刚放完暑假时，大家还沉浸在夏令营、游学、电脑游戏、漫画等之中，兴奋得恨不得每节课都是聊天课才好。

差不多过了两个星期，好像一锅浑水慢慢变清，同学们终于安分下来了。老师认为大家应该收心了，于是宣布了新学期的学习目标。

他没想到，放眼望去，语文课上全班睡倒了一半，英语课更惨，还有人打呼噜呢！老师气得要罚全班站着上课，可是好像也没什么用，因为睡功高强的戴立山竟然能站着睡觉。

弯弯很想振作起来，做全班的表率，这样老师对她就会印象深刻。可是，不管是掐眼皮、刺手指，还是拼命摇头想把瞌睡虫赶走，她仍是昏昏欲睡。坐在她后面的佳琪取笑她："你斗不过瞌睡虫的！"

弯弯真的很羡慕佳琪，她每天上学都是精神抖擞，既不怕伤老师的心，也不会考得一塌糊涂。于是弯弯悄悄问佳琪："能告诉我不打瞌睡的秘诀吗？"

"很简单啊！你晚上不要太晚上床睡觉，自然早上起来就有精神了。"

"可是，作业那么多，星期天晚上我都要写到很晚。"弯弯觉得她的建议不现实。

"哎呀！我可都是先苦后甜，星期五就拼了命把作业写完。这样心里就没有负担，星期天晚上再上网、看电视。"

佳琪说得容易，弯弯实行起来却有很大的困难，因为她也曾尝试写作业写到星期六凌晨，可上下眼皮都粘在一起了，还是写不完，只好上床睡觉。

结果睡到星期六中午才起床，想跟同学去看电影或是租漫画书回家看，都被妈妈否决了，说她整天只知道睡觉。

真是冤枉啊！家里其他人都在舒服的冷气中又香又甜地睡着了，只有她独自挑灯夜战，为什么她这么命苦？

于是弯弯决定以后还是星期五、星期六都用来写作业，星期天晚上专门用来看故事书。

可是，总会有一些杂七杂八的事情打乱她的计划。例如算题算到一半，妈妈让她去丢垃圾；背课文背到一半，爸爸让她去便利店买黑森林蛋糕……如果她拒绝，爸爸妈妈就会说她这么懒，会变得越来越胖。

她什么都不怕，就怕变成胖子，于是只好每天生活在疲于奔命之中。半夜做梦，她都会梦到作业没写完，被老师罚吊单杠。

佳琪好心建议她："你还是顺其自然好了，要不然你会发疯的。"

真的，弯弯已经快被星期一这头大怪兽逼疯了！她已经放弃了电影、漫画书等心爱的东西，可是作业依然堆积如山。

连老师也注意到弯弯的反常了。

“你是不是不喜欢上学啊？要不然为什么一上课就昏睡，一下课就变成了一只活蹦乱跳的小虾米？”

老师给弯弯的妈妈打电话，专门告诉她弯弯每到星期一一上课就变成睡美人的事。

妈妈吓了一大跳。她想了想，忙跟爸爸说：“会不会是小弯弯要变成大女生了？我以前念初一时，也是每到上课就想睡觉，老师还到我家家访，后来才知道是要来月经，内分泌失调的缘故。”

月经？

弯弯马上联想到了天天在电视上做广告的那些卫生巾。自己会跟卫生巾扯上关系？多可怕啊！她才不要那么早来月经，那么麻烦。

可是，小表妹才上小学六年级，就已经来月经了，姨妈为此还特意请她吃牛排。自己都上初一了，却还没有来月经，是不是不正常呢？

妈妈向老师解释过后，老师便不再说弯弯了，还劝她多多休息，学习不要太辛苦。

放松心情之后，弯弯发现老师其实很和蔼可亲，老师说的笑话其实也挺有趣的。星期一从此摇身一变，变成了可爱的小绵羊。

学会自己长大

xue hui zi ji zhang da

有时候我们会以貌取人，看某个人不顺眼，就会想当然地认为他是个坏人。

我有一个舅舅，脸长得方方的，眉毛横横的，就是那种所谓满脸横肉的人。再加上他喜欢打架，大家便都说他是个坏人。可是我知道，他有一颗最善良的心。他好打抱不平，他会写感人的文章，他也会画很有特色的画……因为别人的误解，他失去了很多机会。

因为他，我学会了不以貌取人。

最爱逛便利店

平常放学后，弯弯顶多跟同学站在巷口聊聊天，买一杯绵绵冰，或是吃一个车轮饼，就乖乖回家，免得妈妈说她一颗心野惯了，像脱缰的野马那样很难收回来。

不是她不喜欢野马，而是觉得跟马有关的似乎都不太好，什么心猿意马啦，马马虎虎啦，马屁精啦……

可是这一阵子，弯弯突然迷上了她家附近的便利店，经常约了佳琪、欣宜等好朋友到店里的架子上东翻西找地寻宝，比较每种洗发水的香味、指甲油的颜色，挑选购买一些打折商品，然后彼此交换使用后的心得。

这一天，当她们嘻嘻哈哈地走进店里，蹲下身子，拿起架子上新上市的卫生巾窃窃私语时，突然有人大声叫她们。

“喂！陆弯弯，你们几个不回家，鬼鬼祟祟地在这里，想要偷东西啊？”

回头一看，原来是副班长和学习委员挤了过来。他俩探头探脑的，想要知道她们几个女生在看些什么。

人高马大的欣宜站起来瞪大眼睛，两手叉腰：“现在又不是在教室里，你们管不着我们，走开！”

弯弯却忍不住脸红了。她拼命把手上的东西藏到身后，不想被副班长看到。因为那样一来，明天就会变得全班都知道，然后他在广播电台上班的妈妈就会诏告全天下：“陆弯弯在买卫生巾！”

还是佳琪反应快，她瞄了一眼副班长手上的体香剂，大叫道：“啊？你们两个是谁有狐臭啊？”

副班长尴尬地抓抓头：“是我姐姐要我买的！你不要少见多怪。”他说着立刻拉了学习委员去收银台付钱了，再也没来骚扰她们。

弯弯松了一口气，小声地说：“奇怪，买卫生巾又不是犯法的事，我们为什么要偷偷摸摸？”

佳琪是她们这一伙中第一个来月经的，现在俨然成了大家请教的对象。她若有所思地说：“我也不知道，反正只要有人来月经，就会被别人取笑。”

欣宜把卫生巾放回架子上，好奇地问："弯弯，你是不是快来了，要不然干吗天天拉着我们来比较卫生巾？还要买什么可爱型的，你放在裤子里面，谁看得到啊？！如果是我，最好就不要来月经，麻烦死了，既不能游泳，也不能吃冰激凌。像我妈妈，到高中才来，那多棒。还能省下不少买卫生巾的钱呢。"

佳琪却有不同看法："书上说，来月经就表示我们长大了，是个大女生了。"

"我只希望我来月经时不要血流不止死掉就好了。"欣宜说。

弯弯并不清楚来月经是好事还是坏事，只是担心自己跟其他女生不一样，所以只要还有人没有来月经，她就不用烦恼。这种事，不像读书考试，不必争第一，但是如果成了最后一个当然也不好，因为那样就好像自己发育不良似的。

于是，弯弯每天上床前都会祷告，希望自己不是班上最后一个来月经的女生，也不要上体育课时突然来月经，弄得措手不及。

学会自己长大

xue hui zi ji zhang da

每个人都会有机会从小女生或小男生变成大女生或大男生。男生的嗓音改变了，喉结凸出了，胡子冒出来了；女生的胸部发育了，月经来了。这些都是很正常的。

有些家庭会在女生来月经或男生长喉结时庆祝，因为他们知道，自家的孩子要长成大人了。

假日泡在麻辣火锅里

今年冬天特别冷，火锅店的生意自然又好了起来。当小零打电话约弯弯去吃麻辣火锅时，弯弯大摇其头：“我家几乎天天吃火锅，听到‘火锅’两个字我都快吐了。”

小零也不勉强她，临要挂电话前加了一句：“不去你一定会后悔。我约了嘉玉、皮蛋，还有你最喜欢的韩立中，先去逛街，再去唱歌……随便你，不去就算了。”

弯弯一听到韩立中的名字，心就狂跳，这么好的机会，她怎么能错过？

她立刻改变了主意：“好了，我去！几点在地铁站碰头？”

约的是十点，弯弯不到八点就起床，又是熨衣服，又是吹头发……九点一刻，她穿上妈妈新给她买的橘色上衣、蓝色小短裙，兴冲冲地出门了。

站在楼门口，弯弯听到社区公园传来的几声鸟叫。“真是一个好兆头！”弯弯高兴地想着，刚关上单元门，正要举步，只听“哗啦啦……”一阵水声，她立刻被楼上浇下来的水淋成了落汤鸡。

弯弯恼火地抬起头想要找出凶手，却搞不清楚他在哪一层楼，眼看着新衣服泡了水，擦了发胶的头发也像垮掉的楼房一样，这个样子让她怎么去见韩立中？

没办法，弯弯只得用最快的速度回家换衣服。衣橱里的衣服都是以前穿过的，她勉强挑了一套，湿头发却怎么吹都不成型……韩立中看了，绝对不会说：“陆弯弯，你今天好漂亮。”万一被嘉玉比下去，弯弯就更不甘心了。既然没有把握，弯弯一生气，干脆决定不出门了。

眼睁睁看着大好的假日被破坏，弯弯给小零打过电话后，决定要教训教训那个乱倒水的人，给自己出口气。

她一层楼一层楼地去按门铃，有的没人在家，有的说他们才不会这么没素质。

一楼至四楼都已经排除了嫌疑，那会是五楼新搬来的邻居吗？

五楼这家人来开门的是一个七八岁大的小男生。还没等弯弯说完话，他就立刻摇头:“我不知道，我们家没有种花。”

他这话一说就露出了马脚，因为弯弯从楼下观察过，五楼种了好多花，阳台上摆得满满的，把客厅里的光线都给遮住了。

他正要关上门，弯弯突然大声质问他:“刚才是你在浇花，对不对？”

小男生还想否认，屋里已经传出他奶奶的声音:“阿明，我就跟你说，浇花时要小心些，闯祸了还说谎……”

他奶奶拄着枴杖出来，一再跟弯弯道歉:“对不起！阿明的爷爷很喜欢种花，他快要从北京回来了。花已经好几天没浇水了，如果花死了，他爷爷会生气的。我行动不方便，就让阿明赶快浇花，谁知道他那么不小心……”

弯弯打量了一眼阿明，见他才到自己的下巴，如果他去阳台浇花，一定会很辛苦，便开口问道:“阿明没有哥哥姐姐吗？”

阿明的奶奶眼圈一红，说:“阿明的妈妈生下他就跑了，他爸爸也很少回来，就我们祖孙住在一起……”

“阿明，姐姐帮你浇花好不好？”

弯弯的爱心悄悄浮现，她走向阳台，不但帮他们一盆盆浇了水，还把掉落的叶子也清扫干净了。当她忙完一切后，浑身热得出了许多汗，就好像刚吃了麻辣火锅一般。

虽然弯弯没能见到韩立中，她却觉得这个假日一点儿也没有浪费。

学会自己长大

xue hui zi ji zhang da

你认识自己的左邻右舍吗？

现代人大多住在楼房里，隔壁邻居就像天边的星星那样遥远，也像非洲人那样陌生。有时即使发生什么事，彼此之间也不会伸出援手。

有一年，外婆出去吃午餐，忘了关煤气，炉子上的花生粥煮焦了，冒出浓烟，邻居连忙打119求助，同时告诉了我们。我们彼此分工，有人找锁匠，有人找外婆，有人联络警察，终于在最后关头破门而入，关了火，没有酿成大灾。

若不是这位好心的邻居警觉，外婆家就要付之一炬，整栋楼也都会跟着遭殃。所以，关心邻居，也就等于帮助自己。

想做一个超级人气王

每当到了春天，社区公园里便到处开满了漂亮的花，蜜蜂、蝴蝶都飞来飞去地忙着采蜜。弯弯感到很纳闷：这些蜜蜂、蝴蝶怎么知道要采哪种花的蜜？万一有一种花，所有的蜜蜂、蝴蝶都喜欢，那它们不是会打成一团吗？

佳琪却说：“我就喜欢做这种最美、最香的花，让所有的蜜蜂、蝴蝶都被我吸引，反正打得头破血流是它们的事。”

也有些花虽然漂亮，却只会对少数的昆虫产生吸引力；更有几种花因含有毒素而成了昆虫的拒绝往来户。欣宜就很担心：“我虽然没有毒，可是我好怕我像这种花，没有人光顾。”

弯弯当然也希望所有的人都喜欢自己。所以，只要有人找弯弯帮忙，她从来都不拒绝，就是希望赢得所有人的喜爱。

“你太贪心了！”哥哥笑她，“你这样只会把自己累得半死，气得半死，伤心得要死。”

弯弯才不相信哥哥的话。哥哥最现实了，谁对他有利他帮谁。他还申辩说这叫“选择性帮助”，一个人的时间有限，不能变成烂好人。

弯弯却相信，只要自己对别人好，日久见人心。她坚持自己的信念，可是没过多久，她就尝到苦头了。

前几天，班上新转来了一位同学，叫李雨雯。她不太喜欢理睬别人，总是独自窝在角落里。弯弯好心过去跟她说话，她却叫得很大声：“你走开，不要冒充好人！我妈妈说的，这个世界上没有一个好人，只能相信自己。”

弯弯不怪她，觉得是因为她不认识自己，所以才会误会自己。班上的同学却在一旁指指点点，嘲笑弯弯：“活该，自己找骂！嘁，还以为自己是外交部部长呢。”

从那以后，李雨雯就始终一个人默默地来去，没有朋友，也不想交朋友。本来这样相安无事，也可以平静度过一个学期的。没想到，李雨雯每天随身携带的日记本丢了，恰恰被班内同学捡到。大家发现她在里面写了许多同学的坏话，还说她讨厌每个人，谁很恶心做作，谁很假很虚伪，谁考试爱作弊，谁爱吹牛……反正在她笔下，全班没有一个好人。当然，包括陆弯弯在内。这引起了轩然大波。

一天放学后，李雨雯走过学校围墙拐角时，几个坏人冲了出来，把她打伤了。她痛苦地呻吟着，缩在角落里。没有一个人愿意上前帮助她。

弯弯看她很可怜，便走了过去，帮她捡起书包，关心地问她："我带你去看医生好不好？你家电话号码多少？我帮你打给你妈妈。"

李雨雯吓得直发抖，挥着手："不要，我不要去医院。也不要告诉我妈妈，我会被她打的！"

原来，李雨雯的爸爸妈妈已经离婚了，她每天被爸爸妈妈像丢皮球一样丢来丢去，如果他们知道她在学校惹是生非，就会不要她，她就会变成孤儿了。所以即使挨打，她也只好默默承受。

弯弯听了，心里觉得好难过。她不由得后悔自己有时还嫌弃爸爸妈妈，比较起来，她不知道要比李雨雯幸福多少倍。

"走吧！你到我家去，我让我妈妈帮你处理伤口。"

李雨雯抬起头来，问弯弯："你为什么要对我这么好？我以前骂过你，你都不生气？”

“说不生气，那是不可能的。可是我想，你一定是不了解我才会误会我。其实，我最喜欢交朋友了。”

经过她们身边的志玮停下脚步，迟疑了一下，对弯弯说：“还是带李雨雯到我爸爸的诊所去吧，她伤得不轻呢！”

他们一起扶着李雨雯，坐上出租车。前座的志玮回头看了弯弯一眼，认真地说：“还是你说得对，只要我们是一阵春风，百花都会为我们开放。”

学会自己长大

xue hui zi ji zhang da

你为什么不吸引人？也许是因为你讨厌自己，所以连别人也一起讨厌了。先从肯定自己、爱自己开始，找出自己的优点，脸上带着笑，心里带着爱，去主动了解、主动帮助别人吧。这样，慢慢地就会有人愿意亲近你了。还有，请学会从别人身上发现魅力吧，当你接受他为朋友后，便会爱他就像爱自己一样了。

虽然我们无法让全世界的人都变成我们的朋友，但至少我们会快乐，这才对得起我们的生命。

登山途中的突发事件

虽然弯弯转学到了新学校，但是因为很快就交到新朋友，她的心情慢慢开朗起来。

一段时间过去，弯弯还蛮喜欢新同学和新老师的。大家常常相约去附近爬山，锻炼身体，免得每个人都变成不堪一击的“草莓族”。

只是，今天大家的运气不怎么好：约在公共汽车站一早见面，欣宜却迟到了。上了车，窗外的阳光已经白花花一片。平常最怕晒黑，脸、手臂、小腿都擦了防晒霜的蕙萍忍不住咕哝：“那么晚了，山上一定特别晒。我最讨厌人家迟到了！”

负责规划上山路线的德基安慰她：“我早就替大家想好了，我们今天走的这条路，一边是太阳，一边是树荫。放心，想要日光浴的人和害怕晒黑的人都可以快快乐乐地爬山。”

大家坐在一起，聊着最近的电视剧，讨论主角是好人还是坏人。向来爱打抱不平的筱安说：“我觉得太夸张了，竟然还要大家投票来决定要不要继续演下去！一出戏演那么久，太没创意了。”

弯弯也不甘寂寞：“是啊！又不是电视台都倒掉了，只有这个台的节目可以看。而且我也不喜欢这部戏中的男演员。”

几个女生聊得正起劲，一路都在吃零食的至诚叫她们：“前面堵车了，怎么办？”

车子队伍堵得很长，等到上山，恐怕要中午了。筱安提议：“我们下车走路好了，反正也是去爬山，就当提前锻炼了。”

于是大家背上背包下了车。没走多远，他们就看到一辆很漂亮的红色跑车四脚朝天地躺在马路上，有个人身上盖着白布被抬上了救护车，好多人在围观。德基催大家：“不要看了，快走吧！老师不是常常提醒我们不要看热闹嘛，不要影响救援哦。”

“可是，我们也应该有寻根究底的精神，才能知道这场车祸是怎么发生的。”好奇宝宝弯弯仍不停回头看。

“对啊！我们来猜猜看吧。这么好的车子会翻过来，一定是因为开得太快了。”欣宜说。

至诚觉得很好玩，也加入猜测原因的阵容：“老师说我们平常如果不用脑，遇到像‘猜’这样的作文题，一定会头大。”

这下子山路不再单调，鸟叫、蝉鸣加上他们的七嘴八舌，一下子就热闹起来了。虽然争论到最后还是没有结果，可是大家却觉得好像刚刚合作完成了一篇故事。班长筱安提议：“弯弯，干脆你把故事写下来，我们新年联欢时来演一出推理剧吧。”

虽然因为路上堵车到家比较晚，弯弯进门后却显得很兴奋。她急着跟妈妈说：“我们今天在山上遇到车祸了。有一个电影明星，跟男朋友约会被发现了，就驾车进山想要躲避记者的追逐，结果车子像金龟子那样翻了过来，动都不能动，那个明星被夹在车里，流了好多血……好可怕，幸好我们的司机紧急刹车，不然你们现在就看不到我了，要到山谷下面找我了。”

哥哥在一旁说：“弯弯，你是小说看多了还是电影看多了？”

“我们弯弯真是挺会编故事的。”妈妈笑个不停。

爸爸拍拍弯弯的头：“你啊，太夸张了吧！只不过是一个十七岁的男生偷开他爸爸的车出事了而已。人伤得不重，已经救过来了。刚才电视新闻已经播了。像你这样，我看将来还是不适合当记者，做小说家还差不多。”

弯弯伸了伸舌头：“当记者就不能加一点点儿想象力吗？”好吧，她就换个志愿吧！不过，幸好遭遇车祸的人还好好活着，看来她的祷告还是有用的。

学会自己长大

xue hui zi ji zhang da

我们都有脑，却常常忘了用脑。当别人说考试谁作弊，我们往往不去查证，就也跟着说人家作弊；当别人说谁说你坏话，你也常常没有先问问当事人，就冲去指着别人家的鼻子兴师问罪；当社会上发生重大案件久侦不破时，大家都骂警察不好，其实往往是因为人心越来越坏了。

人云亦云，只会让我们迷失方向。只有有自己的看法，我们才能走出自己的路。

图书在版编目（CIP）数据

致可爱的你. 学会自己长大 / 温小平著. -- 青岛：青岛出版社, 2017.8

ISBN 978-7-5552-5288-7

Ⅰ. ①致… Ⅱ. ①温… Ⅲ. ①女性 – 青春期 – 健康教育 – 青少年读物 Ⅳ. ①G479-49

中国版本图书馆CIP数据核字(2017)第150844号

山东省版权局著作权合同登记号　图字：15-2017-6号

本书原名《路见不平》由台湾幼狮文化事业股份有限公司授权出版。

书　　名　致可爱的你——学会自己长大
著　　者　温小平
出版发行　青岛出版社
社　　址　青岛市海尔路 182 号（266061）
本社网址　http：//www.qdpub.com
邮购电话　13335059110　0532-68068026
策划编辑　谢　蔚
责任编辑　周　莉　梁　颖
装帧设计　乔　峰　安　之
全书插画　瑶背背
制　　版　青岛竖仁广告有限公司
印　　刷　三河市紫恒印装有限公司
出版日期　2017年8月第1版　2022年11月第5次印刷
开　　本　32开（890mm × 1240mm）
印　　张　6
字　　数　120千
书　　号　ISBN 978-7-5552-5288-7
定　　价　22.00元

编校印装质量、盗版监督服务电话：4006532017　0532-68068638

本书建议陈列类别：青少年心理自助